Pestalozzi-Fröbel-Verband e.V. (Hrsg.)
Rethinking frühkindliche »Erziehung, Bildung und Betreuung«

D1641140

Beyond Frühpädagogik

Herausgegeben von
Prof.in Dr. Anke König I Dr.in Linda Wellmeyer

Die Reihe *Beyond Frühpädagogik* greift gesellschaftliche Transformationen auf, die das System der Frühpädagogik derzeit herausfordern. In den letzten 20 Jahren ist die Frühpädagogik in den Fokus unterschiedlicher Diskurslinien geraten, die tradierte Überzeugungen und Praxen auf den Prüfstand stellen. Frühpädagogische Institutionen wie Kindergärten, Kinderkrippen, Kindertagespflege und Kindertageseinrichtungen haben in diesem Kontext eine herausragende gesellschaftliche Bedeutung erlangt. Diese Reihe soll die Vielstimmigkeit der Diskurse als „soziales Phänomen" sichtbar machen. Veröffentlicht werden Ergebnisse aus Tagungen, Fachkonferenzen und Dissertationen. Zielgruppe sind alle Akteur:innen in den verschiedenen pädagogischen Feldern, die sich mit den aktuellen Debatten auseinandersetzen: Studierende unterschiedlicher pädagogischer und sozialer Fachrichtungen, pädagogische Fachkräfte, Familien, Leitungen, aber auch Administration, Steuerung, Wissenschaft sowie Politik. Der Reihe liegt das Verständnis zugrunde, dass sich pädagogische Erkenntnisse aus Praxis und Wissenschaft speisen und eine Weiterentwicklung des Systems auf deren konstruktivem Zusammenwirken beruht.

Pestalozzi-Fröbel-Verband e.V. (Hrsg.)

Rethinking frühkindliche »Erziehung, Bildung und Betreuung«

Fachwissenschaftliche und rechtliche Vermessungen zum Bildungsanspruch in der Kindertagesbetreuung

Eine Expertise im Auftrag des Pestalozzi-Fröbel-Verbands e.V.

BELTZ JUVENTA

Dieses Buch ist erhältlich als:
ISBN 978-3-7799-7782-7 Print
ISBN 978-3-7799-7783-4 E-Book (PDF)

1. Auflage 2023

© 2023 Beltz Juventa
in der Verlagsgruppe Beltz · Weinheim Basel
Werderstraße 10, 69469 Weinheim
Alle Rechte vorbehalten

Herstellung und Satz: Ulrike Poppel
Druck und Bindung: Beltz Grafische Betriebe, Bad Langensalza
Beltz Grafische Betriebe ist ein klimaneutrales Unternehmen (ID 15985-2104-100)

Printed in Germany

Weitere Informationen zu unseren Autor:innen und Titeln finden Sie unter: www.beltz.de

Vorwort

Im Jahr 2023 wurde die Idee eines Kindergartens von Friedrich Fröbel in die Liste des immateriellen Kulturerbes aufgenommen. Im Pressetext der UNESCO heißt es dazu: „Fröbels Idee von einem Kindergarten umfasst das Lernen im Spiel und ist bis heute Ausgangspunkt der frühkindlichen Bildung (25.03.2023)". Damit wird nicht nur dem spielbasierten Ansatz der Frühpädagogik die Bedeutung zugeschrieben, die diesem in der Kindheit zukommt, sondern auch betont, wie wichtig offene und kreative Aneignungsprozesse bis ins hohe Erwachsenenalter für die Persönlichkeitsentwicklung sind. Die Verortung der Kindertageseinrichtungen im Achten Sozialgesetzbuch, also in der Kinder- und Jugendhilfe und nicht im Bildungssystem, führt allerdings immer wieder dazu, dass der Kindergarten in sogenannten Bildungsreformen darum ringt, seine Anerkennung als Bildungsort unter Beweis zu stellen. Die Idee der vorliegenden Expertise wurde im Anschluss an die gemeinsame Tagung des Pestalozzi-Fröbel-Verbands, des Deutschen Vereins für öffentliche und private Fürsorge (DV) und des Instituts für Bildung, Erziehung und Betreuung in der Kindheit in Rheinland-Pfalz (IBEB): „Kita im System der Kinder und Jugendhilfe – eine kritische Standortbestimmung" im Jahr 2021 (Göller/Münch/Roth/Schneider im Druck) entwickelt. Als Ergebnis der Tagung lässt sich hervorheben, dass unterschiedliche Akteur:innen das Kinder- und Jugendhilfegesetz im System der Kita grundsätzlich als gute Basis für die frühkindliche Bildung verstehen. Es wurde aber auch deutlich, dass die Rahmungen hier nicht weit genug gehen, um die Qualitäten dieses Bildungsverständnisses als Allgemeingut vorauszusetzen bzw. ihm auch im fachpolitischen Kontext zu einer allgemeinen Gültigkeit zu verhelfen. Vor diesem Hintergrund wurde die vorliegende Expertise ausgeschrieben. Darin eröffnen Ina Kaul, Peter Cloos, Stephanie Simon und Werner Thole einen multiperspektivischen Blick auf den Begriff der Bildung in der frühen Kindheit in seiner gesellschafts- und bildungspolitischen Komplexität. Sie entwerfen eine erweiterte und zukunftsgerichtete Auffassung von Bildung – die sowohl theoretisch gesättigt ist als auch offen den Diskurs des sozialen Wandels in einer pluralen Gesellschaft aufgreift. Diese Arbeiten wurden ergänzt durch die Rechtsexpertise von Johannes Münder. Er unterbreitet einen ersten Vorschlag für eine stärkere Konturierung von Bildung im Kontext des Achten Sozialgesetzbuchs.

Wir hoffen, mit der Expertise einen konstruktiven Beitrag zur Diskussion der Ausdifferenzierung eines erweiterten Bildungsverständnisses im 21. Jahrhundert zu leisten und wünschen eine anregungsreiche Lektüre!

Vorstand-pfv
Berlin, im April 2023

Inhalt

Einführung

Anke König, Andreas Hilliger und Bettina Stobbe

„Erziehung, Bildung und Betreuung" (§ 22 (3) SGB VIII) hat sich in den letzten Jahren als Trias insbesondere in Kindertageseinrichtungen (Krippe, Kiga, Hort zusammengefasst: Kita) herauskristallisiert (Voigtsberger 2018). Wird damit bereits ein erweiterter Bildungsbegriff umrissen?

Die vorliegende Expertise beleuchtet diese Trias und das entsprechende fachwissenschaftliche und fachpolitische Bildungsverständnis näher (Kaul/Cloos/Simon/Thole 2023). Es werden die Möglichkeiten geprüft, Bildung in der Kindertagesbetreuung rechtlich schärfer zu konturieren.

Hintergründe

Der Kindergarten wird historisch auf mindestens drei komplexe Grundmotive zurückgeführt: Betreuung, Bildung und Erziehung.

Betreuung stellt eine Dienstleistung dar, die während der Abwesenheit der Eltern sicherzustellen ist. Dieser Aspekt ist zweifelsohne eine Notwendigkeit. Allerdings bezeichnet Betreuen keine im spezifischen Sinne pädagogische Tätigkeit – und gilt deshalb in der Pädagogik auch als „Unwort" (Wünschel 2004).

Betreuung ist historisch aus der sogenannten Fürsorge hervorgegangen, d. h. aus dem Anspruch, Menschen in Notlagen mit sogenannten Betreuungsangeboten zu unterstützen. In diesem Fall die Eltern, die sich nicht um die jungen Kinder kümmern können. Diese Form der Dienstleistung geht als gesellschaftliche Praxis mit dem Aufbau der öffentlichen Erziehung einher (Jakobi 2014). Damit werden die Kindertageseinrichtungen zu einem Teil der Sozial- und Familienpolitik. Als 1922 der Kindergarten juristisch im Reichsjugendwohlfahrtsgesetz verortet wird, nimmt diese „Verrechtlichung" nicht unerheblich Einfluss auf das Aufwachsen von jungen Kindern in unserer Gesellschaft (Mierendorff 2014).

Beklagt wird in jüngerer Zeit, dass Betreuung gegen Bildung ausgespielt wird. Das ist dann der Fall, wenn etwa pädagogische Fachkräfte monieren, dass in Zeiten des Personalmangels kein Raum mehr für Bildung bleibe oder wenn die Politik Fachfremde für die pädagogische Arbeit vorschlägt, worin die Vorstellung zum Ausdruck kommt, Betreuung sei eine einfachere und für die Entwicklung der Kinder weniger bedeutsame Tätigkeit als Bildung. Beide Schlussfolgerungen untergraben Professionalität und pädagogische Qualität.

Bildung in der Kinder- und Jugendhilfe

Über einen erweiterten Bildungsbegriff hat die Kinder- und Jugendhilfe im Zuge der Post-PISA-Debatte intensive Auseinandersetzungen geführt. Bildung gilt als Prozess der Persönlichkeitsentwicklung, der sich als „Zusammenspiel von formalen und informellen Bildungsprozessen" (Mack 2020, S. 1312; vgl. auch BMFSFJ 2005) erweist. Dennoch hat sich der Bildungsbegriff im 20. Jahrhundert insbesondere über die formalen Bildungsangebote geformt und wurde primär mit Schule konnotiert. Diese Entwicklung wurde durch strukturelle Faktoren unterstützt, denn zum Bildungssystem zählen nicht alle Handlungsfelder der Bildung und Erziehung. Dies wurde auch vom 12. Kinder- und Jugendbericht (BMFSFJ 2005) aufgegriffen und als Missverhältnis hervorgehoben:

> „Deutschland hat mit Blick auf sein öffentliches Bildungs-, Betreuungs- und Erziehungsangebot einen unübersehbaren Nachholbedarf. Zu lange und zu einseitig hat die ehemalige Bundesrepublik nahezu ausschließlich auf Familie und Schule als den fraglos gegebenen Stützpfeilern von Kindheit und Jugend gesetzt. Dabei war die Familie vor allem für die Betreuung und Erziehung der Kinder, die Schule für die Bildung verantwortlich" (ebd. S. 28).

In der Folge der Post-PISA-Debatte gab es zu Recht viel Kritik an dieser Engführung. Konstruktive Anstöße zielten darauf, Bildungsprozesse im Kontext mannigfaltiger Erfahrungswelten zu denken, und betonten die Bedeutung unterschiedlicher Bildungsorte für die Persönlichkeitsentwicklung (Thole/Lindner/Weber 2003; Coelen/Otto 2008; Gaus 2012 u. v. a.). Hervorgehoben wurde allerdings auch, dass die Debatte um einen erweiterten Bildungsbegriff Gefahr läuft, von schulischen Herausforderungen dominiert zu werden (Otto/Rauschenbach 2004 u. v. a.). Auch fast 20 Jahre nach der Hochphase dieser Auseinandersetzungen werden Einrichtungen der Kinder- und Jugendhilfe noch immer nicht unmittelbar mit einem Bildungsanspruch verbunden. Zwar wiesen bereits die Empfehlungen des Forums Bildung (2001) sowie des 11. Kinder- und Jugendberichts (2002) darauf hin, dass Kindertageseinrichtungen zu „Stätten der Bildung" zu entwickeln und auch „Schule und Kinder- und Jugendhilfe verallgemeinert und verfahrensmäßig" zu institutionalisieren seien (ebd., S. 46). Letztlich wird aber im Kinder- und Jugendhilfegesetz § 22 Abs. 3 SGB VIII ein Förderungsauftrag für die Kindertagesbetreuung (Kindertageseinrichtungen, Hort) festgelegt. Mit den Begriffen „Erziehung, Bildung und Betreuung" wird nur angedeutet, dass es sich dabei auch um Bildung handeln könnte. Darüber hinaus heißt es, dass die Einrichtungen „die Erziehung und Bildung in der Familie unterstützen und ergänzen" (§ 22 Abs. 2, 2) sollen. Daraus kann geschlossen werden, dass es hier nicht um einen curricularen, didaktisch und methodisch konkretisierten Bildungsbegriff wie in der Schule geht, sondern eher um nonformale Bildungsprozesse mit gegebenenfalls hohen informellen Anteilen, die zu einer allgemein gefassten Bildung zählen und komplementär zu den Familien für das Kind als sinnvoll und erforderlich angesehen werden. Dennoch bleibt die Beschreibung in Bezug auf den Bildungsauftrag vage und verhalten. Das macht es auch den pädagogischen Fachkräften schwer, wie sich bei der Umsetzung der Anforderungen in der Zusammenarbeit im schulischen Ganztag (Arnold 2022, S. 44) oder auch im Bereich der Kindertageseinrichtungen zeigt. Denn die Trias von „Erziehung, Bildung und Betreuung" (SGB VIII § 22) spiegelt sich in der Praxis als Ungleichgewicht (Roth 2021) – es dominiert nach wie vor der Begriff Betreuung (u. a. Kindertagesbetreuung, Betreuungsanspruch, Betreuungsquoten, Betreuungsmodelle) vor der Bildung und Erziehung. Insbesondere in Krisensituationen tritt dies deutlich zu Tage. Der Begriff der „Notbetreuung" während der Corona-Pandemie offenbart, wie schnell Kindertageseinrichtungen und schulischer Ganztag auf historisch überholte Pfade ihrer Entwicklung zurückgeführt und von ihren pädagogischen Aufgaben entbunden werden konnten (Kommission Pädagogik der frühen Kindheit (DGfE) Stellungnahme 2020).

Wenngleich Bildungs- und Orientierungspläne in den Ländern zur Konkretisierung der inhaltlichen Aufgaben beigetragen haben und sich im Zuge solcher Neubewertungen auch eine vertiefende wissenschaftstheoretische Diskussion etabliert hat, fehlt es für das Handlungsfeld der Kinder- und Jugendhilfe nach wie vor an einer steuerungsrelevanten Auslegung des Bildungsbegriffs, der sich abgrenzt zur Schule, zugleich aber auch an den schulischen Bildungsbegriff andockfähig ist. Eine ausdifferenzierte, insbesondere rechtliche Verortung ist aber notwendig, um die strukturellen Rahmenbedingungen für die pädagogische Arbeit zu sichern.

Im Rahmen der Entwicklung von Bildungslandschaften in der regionalen Bildungsplanung und der notwendigen Kooperation und Verzahnung der unterschiedlichen Einrichtungen ist ein Austausch auf Augenhöhe von entscheidender Bedeutung. Darüber hinaus ist trotz des hohen Personalbedarfs in den Arbeitsfeldern der Erziehung und Bildung ein einseitiger Rückgriff auf eine pädagogisch als voraussetzungslos angesehene „Betreuung" oder gar die Einschränkung auf „Aufsicht" unbedingt zu vermeiden. Nur so können die Fachkräfte ihre pädagogischen Aufgaben auch fachlich-qualitativ wahrnehmen und weiterentwickeln.

Die Leipziger Thesen des Bundesjugendkuratoriums „Bildung ist mehr als Schule" (BJK 2002) stehen für einen erweiterten Bildungsbegriff. Im 11. Kinderund Jugendbericht des BMFSFJ (2002, S. 160) wird darüber hinaus darauf hingewiesen, dass mit der „Anerkennung von Bildung als Aufgabe der Kindertageseinrichtungen [...] nicht die Verlagerung der Zuständigkeit für die Kindertageseinrichtungen in die Bildungsverwaltung" gemeint ist, aber – so zeigt die Debatte – dass der Bildungsanspruch deutlicher sichtbar und auch rechtlich gerahmt sein muss.

Expertise

Die vorliegende fachwissenschaftliche Expertise von Ina Kaul, Peter Cloos, Stephanie Simon und Werner Thole (Kapitel 2) beleuchtet die Konzepte „Bildung, Betreuung und Erziehung" differenziert vor dem Hintergrund ihrer komplexen gesellschaftlichen Bezüge. Bildung wird dabei als Oberbegriff (Kaul/Cloos/Simon/Thole 2023) gefasst unter gleichzeitiger Hervorhebung seiner notwendigen Offenheit. Das Konzept entspricht damit nicht zuletzt der anthropologischen Gegebenheit, dass gerade die flexible Anpassungsfähigkeit in einer sich dynamisch wandelnden sozialen Welt ein Leben lang als besondere Qualität gilt. Die Autor:innen bearbeiten das Thema zwischen bildungstheoretischen Begriffsklärungen, bildungstheoretisch inspirierten Beobachtungen des Bildungssystems sowie Konzepten und Ansätzen der Realisierung von Bildung. Sie lösen zwei Aspekte zunächst aus der erziehungswissenschaftlichen Diskussion heraus, die mit dem Begriff der Bildung unmittelbar verbunden sind – den des Lernens und den der Kultur.

Darüber hinaus wenden sich die Autor:innen spezifischen Bildungsdiskursen in der Kindheitspädagogik sowie der Frage zu, wie Bildung in der frühen Kindheit kontextualisiert und ausgestaltet sein muss. Anhand unterschiedlicher Diskurslinien werden Bedingtheiten von Bildung sichtbar, wie die notwendige Akteurschaft der Kinder und die Bedeutung sozialer Beziehungen sowie das unabdingbare Bedürfnis nach Aneignung von Welt, wie es sich selbstbestimmt im Spiel und im Alltag, möglichst wiederholbar, zeigt. Bildung bedeutet damit Partizipation – an sozialen Gruppen und an Kultur.

Bildung, Erziehung und Betreuung analysieren die Autor:innen in unterschiedlichen theoretischen Ansätzen der Frühpädagogik als eng verknüpft. Dabei machen sie den Einfluss der „Trias" auf das Bildungsverständnis in der frühen Kindheit im Allgemeinen sichtbar. Sie reflektieren kritisch die traditionell weiblichen und familialen Konnotationen des Begriffs der Betreuung. Darüber hinaus wird aufgezeigt, welchen Einfluss familien- und bildungspolitische Diskurse zur Förderung (Sprachbildung/-förderung, domänenspezifische Förderung (Bildungsbereiche)) und Prävention (u. a. Schutzauftrag der Kita: Kindeswohlgefährdung, sexueller Missbrauch) auf das Bildungsverständnis haben.

Die Expertise macht deutlich, dass die Trias unzureichend ist, um ein zeitgemäßes Bildungsverständnis der frühen Kindheit zu beschreiben, und richtet einen erweiterten, multiperspektivischen Blick auf den Begriff der frühkindlichen Bildung. Im gesellschafts- und bildungspolitischen Kontext wird ein dynamisches und dem sozialen Wandel gegenüber offenes Verständnis von Bildung entwickelt. Kritisch werden die Ökonomisierungs- und Verwertungslogiken der Moderne aufgegriffen. Unter Bezug auf das Anthropozän wird nach einem erweiterten Bildungsbegriff gefragt. Die Autor:innen resümieren dazu:

„Gedacht wird Bildung als ein Projekt, [...] [welches] [...] Subjekten das Durchschauen und nicht die Beherrschung gesellschaftlicher Wirklichkeit und ihrer geschichtlichen Gewordenheit ermöglicht. [...] [Bildung zielt auf die Fähigkeit,] sich selbst in der Welt zu lokalisieren und sozial mit anderen Menschen, aber auch mit ‚nicht-menschlichen' Anderen zu interagieren. Bildung in diesem Sinne ist zu verstehen als kontinuierliche, nicht auf bestimmte Räume, Anlässe und Situationen begrenzte Aktivierung der menschlichen Potenzialität, Wirklichkeit nicht nur zu erleben und zu ertragen, sondern diese auch in Anerkennung der Mitwelt und in Verantwortung für diese zu gestalten" (Kaul et al. 2023).

Vor diesem Hintergrund analysieren die Autor:innen die derzeitige Ausgestaltung der frühkindlichen Bildung in den Ausführungsgesetzen der einzelnen Bundesländer zur Kindertagesbetreuung. Diese Ausführungsgesetze sind dem SGB VIII nachrangig und ein wichtiges Regulativ zur Ausgestaltung der Trias „Bildung, Betreuung und Erziehung", die das SGB VIII § 22 (3) vorgibt, in den einzelnen Ländern sowie zu den Bildungs- und Orientierungsplänen. Hier kommen die Autor:innen zu einer wichtigen Beobachtung, Bildung wird in den Ausführungsgesetzen der Länder unterschiedlich ausgelegt und kontextualisiert.

Auch die Rechtsexpertise von Johannes Münder greift die fehlenden Gesetzesvorgaben zum Konstrukt Bildung auf:

„In der gegenwärtigen Fassung des § 22 Abs. 3 SGB VIII wird unter dem Oberbegriff Förderung für Kinder in Kindertageseinrichtungen und in der Kindertagespflege neben den Begriffen Erziehung und Betreuung die ‚Bildung' erwähnt. Inhaltliche Ausführungen, was der Gesetzgeber mit diesem Begriff gemeint hat, gibt es nicht" (Münder 2023).

Vor dem Hintergrund der fachwissenschaftlichen Expertise schlägt er daher folgende Differenzierung vor:

„Bildung ist nonformale Bildung, sie wird ermöglicht durch Spiel und alltagsintegrierte Förderung, die die Selbstentfaltung des Kindes, die Erschließung der Umwelt, die Aneignung von Kenntnissen und Erfahrungen, den Erwerb von Sprache und von Kulturtechniken, sowie die bewusste Auseinandersetzung mit diesen unterstützt" (ebd.).

Ausblick

Dem Pestalozzi-Fröbel-Verband (pfv) ist es ein wichtiges Anliegen, das in den letzten Jahren errungene Verständnis frühkindlicher Bildung und Erziehung nachhaltig sichtbar zu machen und damit die Bedeutung eines „erweiterten Bildungsverständnisses" in der Gesellschaft zu verankern. Die Selbstvergewisserung über dieses Bildungsverständnis ist relevant für die breite Fachgesellschaft, damit externe Bildungsdiskussionen – wie derzeit über das SWK-Gutachten der Kultusministerkonferenz erlebt – in Zukunft nicht mehr zu Grundsatzdiskussionen führen, sondern auf der Grundlage gesicherter Wissensbestände der Fachgesellschaft einen kritisch-konstruktiven Austausch anregen.

Für den pfv ist die Offenheit des Bildungsbegriffs zentral. Die vorliegende Expertise zeigt dabei, dass Offenheit nicht Beliebigkeit bedeutet. Vielmehr muss Bildung insofern offen sein, als sie dynamische Selbst-, Welt- und Sozialerkenntnis ermöglicht. Die Rolle und Aufgabe pädagogischer Fachkräfte liegt dabei in der Sicherstellung von gelingenden Bildungsprozessen für Kinder in Kindertageseinrichtungen. Die Diskussionen zum Aufwachsen im Anthropozän machen deutlich, wie wichtig ein agiles, zukunftsgerichtetes Verständnis von Bildung ist.

Die Expertise bildet für den pfv Anlass und Auftakt für weitere Gespräche und Fachveranstaltungen, in fachwissenschaftlichen wie in bildungspolitischen Zusammenhängen, um im Ergebnis eine Novellierung der bisherigen Fassung des § 22 SGB VIII in dem hier dargestellten Verständnis frühkindlicher Bildung und Erziehung zu erreichen.

Literatur

Arnoldt, Bettina (2022): Kooperation zwischen Ganztagsschule und außerschulischen Akteuren. Eine Forschungsübersicht: München: DJI.

BMFSFJ (Bundesministerium für Familie, Senioren, Frauen und Jugend) (2005): Zwölfter Kinder und Jugendbericht. Berlin: https://www.bmfsfj.de/resource/blob/112224/7376e6055bbcaf822 ec30fc6ff72b287/12-kinder-und-jugendbericht-data.pdf [letzter Zugriff: 28.03.2023]

BMFSFJ (Bundesministerium für Familie, Senioren, Frauen und Jugend) (2002): Elfter Kinder und Jugendbericht. Berlin: https://www.bmfsfj.de/resource/blob/94598/92135291ed6ca2732859982 11782bfa1/prm-18653-broschure-elfter-kinder-und-j-data.pdf [letzter Zugriff: 28.03.2023]

Bundesjugendkuratorium, Sachverständigenkommission für den Elften Kinder- und Jugendbericht & AGJ (2002): Bildung ist mehr als Schule: Leipziger Thesen. Forum Jugendhilfe.

Coelen, Thomas/Otto, Hans-Uwe (Hrsg.) (2008). Grundbegriffe Ganztagsbildung. Ein Handbuch. Wiesbaden: VS.

Forum Bildung (2001): Empfehlungen des Forum Bildung. Bonn.

Gaus, Detlef (2012): Bildung und Erziehung – Klärungen, Veränderungen und Verflechtungen vager Begriffe. In W. Stange et al. (Hrsg.): Erziehungs- und Bildungspartnerschaften. Wiesbaden: VS, S. 57–67.

Göller, Magda/Münch, Maria-Theresia/Roth, Xenia/Schneider, Armin (im Erscheinen). Ein Blick zurück nach vorn! Oder: Aus der Vergangenheit für die Zukunft lernen! In Franke-Meyer, Diana/König, Anke (Hrsg.): Kindergarten revisited: Weichenstellung Reichsschulkonferenz 1920. Weinheim: Beltz/Juventa.

Jakobi, Juliane (2014): Versorgte und unversorgte Kinder. In: Baader, Meike Sophia/Eßer, Florian/Schröer (Hrsg.): Kindheiten in der Moderne. Eine Geschichte der Sorge. Frankfurt: Campus, S. 21–41.

Kaul, Ina/Cloos, Peter/Simon, Stephanie/Werner Thole (2023): Fachwissenschaftliche Expertise. Stärken und Schwächen der Trias „Erziehung, Bildung und Betreuung. In Pestalozzi-Fröbel-Verband (pfv) e.V. (Hrsg.). Rethinking Frühkindliche Erziehung, Bildung und Betreuung. Fachwissenschaftliche und rechtliche Vermessungen zum Bildungsanspruch in der Kindertagesbetreuung. Berlin.

Kommission Pädagogik der frühen Kindheit (DGfE) (2020): Kindertageseinrichtungen – keine Orte der Notbetreuung. Stellungnahme vom 20.04.2020: https://www.dgfe.de/fileadmin/OrdnerRedakteure/Sektionen/Sek08_SozPaed/PFK/2020_AdHoc-Stellungnahme_Kita_Notbetreuung.pdf [letzter Zugriff: 28.03.2023]

Krüger, Helga (2003): Professionalisierung von Frauenberufen – oder Männer für Frauenberufe interessieren? Das Doppelgesicht des arbeitsmarktlichen Geschlechtssystems. In: Heinz, Kathrin/Thiessen, Barbara (Hrsg.): Feministische Forschung – Nachhaltige Einsprüche. Opladen, S. 123–143.

Kultusministerkonferenz (KMK) (2004): Gemeinsamer Rahmen der Länder für die frühe Bildung in Kindertageseinrichtungen. https://www.kmk.org/fileadmin/veroeffentlichungen_beschluesse/2004/2004_06_04-Fruehe-Bildung-Kitas.pdf [letzter Zugriff: 28.03.2023]

Mack, Wolfgang (2020): Bildungslandschaften. In: Bollweg, Petra et al. (Hrsg.): Handbuch Ganztagsbildung. Wiesbaden: VS, S. 1311–1322.

Mierendorff, Johanna (2014): Die wohlfahrtsstaatliche Kindheit. In: Baader, Meike Sophia/Eßer, Florian/Schröer, Wolfgang (Hrsg.): Kindheiten in der Moderne. Eine Geschichte der Sorge. Frankfurt: Campus, S. 257–283.

Münder, Johannes (2023): Rechtsexpertise. Ein erweiterter Bildungsbegriff im SGB VIII. In_ Pestalozzi-Fröbel-Verband (pfv) e.V. (Hrsg.). Rethinking Frühkindliche Erziehung, Bildung und Betreuung. Fachwissenschaftliche und rechtliche Vermessungen zum Bildungsanspruch in der Kindertagesbetreuung. Berlin.

Otto, Hans-Uwe/Rauschenbach, Thomas (Hrsg.) (2004): Die andere Seite der Bildung. Zum Verhältnis von formellen und informellen Bildungsprozessen. 2. Auflage. Wiesbaden: VS.

Rätz, Regina (2018). Von der Fürsorge zur Dienstleistung. In Böllert, K. (Hrsg.). Kompendium Kinder- und Jugendhilfe. Weinheim: Springer VS, S. 65-72.

Roth, Xenia (2021): Die Kita – ein Angebot der Fürsorge und der Bildung. Zur strukturellen Verortung der Kindertagesbetreuung. In: König, Anke (Hrsg.): Wissenschaft für die Praxis. Erträge und Reflexionen zum Handlungsfeld Frühe Bildung. Weinheim: Beltz/Juventa, S. 156–166.

Thole, Werner/Lindner, Werner/Weber, Jochen (2003): Kinder- und Jugendarbeit als Bildungsprojekt – Vorwort. In: Dies. (Hrsg.): Kinder- und Jugendarbeit als Bildungsprojekt. Opladen: Leske + Buderich, S. 7–8

Voigtsberger, Ulrike (2018): Betreuung, Erziehung, Bildung. Karin Böllert (Hrsg.): Kompendium Kinder- und Jugendhilfe. Wiesbaden: Springer, S. 243–272.

Wünschel, Hans-Jürgen (2004): Das Unwort „betreuen". Konrad-Adenauer-Stiftung (KAS) Nr. 418

Fachwissenschaftliche Expertise

Stärken und Schwächen der Trias „Erziehung, Bildung und Betreuung"

Ina Kaul, Peter Cloos, Stephanie Simon und Werner Thole

1 Anlass und Aufbau der Expertise

Kaum ein Bildungsbereich hat sich in den vergangenen zwei Jahrzehnten derart rapide verändert wie das System frühkindlicher Bildung, Betreuung und Erziehung (FBBE). So erfolgte dort allein zwischen 2006 und 2020 ein personeller Zuwachs von 92 % (Bock-Famulla et al. 2021, 22 f.). Kindertageseinrichtungen werden als ein institutionalisiertes Sozialisationsfeld der Bildung, Betreuung und Erziehung mit einem komplexen, multifunktionalen Arbeitsauftrag beschrieben. Der Besuch einer Kindertageseinrichtung ist mittlerweile ein selbstverständlicher Abschnitt im Aufwachsen von Kindern. Rund 93 % aller Kinder zwischen drei und sechs Jahren werden institutionell betreut (Autor:innengruppe Bildungsberichterstattung 2022). Auch bei den unter dreijährigen Kindern ist ein erheblicher Anstieg der Quote auf zuletzt 34 % zu verzeichnen (ebd.). Insgesamt steigen die gesellschaftlichen Erwartungen an die Leistungen frühkindlicher Institutionen, was zu einer Ausdifferenzierung der Angebote führt. Zugleich lässt sich damit eine Verschiebung in der Gewichtung der entsprechenden pädagogischen Aufträge der Bildung, Betreuung und Erziehung von Kindern beobachten.

In der Expertise wird es vor dem Hintergrund gesellschaftlicher und strukturell-organisatorischer Rahmenbedingungen darum gehen, Bildung ins Verhältnis zu Erziehung und Betreuung zu setzen. Hierbei geraten nicht nur aktuelle theoretische wie empirische Konzeptionen und Befunde in der Kindheitspädagogik in den Blick, sondern wir erinnern auch an vernachlässigte allgemeine Versuche, Bildung durchgehend theoretisch respektive konzeptuell zu thematisieren. Darüber hinaus gilt es, diese mit aktuellen bildungspolitischen Steuerungs- und Ordnungselementen, konkret den landespolitischen (Ausführungs-)Gesetzen abzugleichen. Es wird der Frage nachgegangen, welche Rahmungen und welches Bildungsverständnis für Kindertageseinrichtungen expliziert werden und wie sich ein Verhältnis zu Schule und Familie lesen lässt (Franke-Meyer/Reyer 2010). Abschließend wird zu fragen sein, inwiefern ein eigenständiger, gesellschaftstheoretisch informierter und erziehungswissenschaftlich konturierter Bildungsbegriff formuliert werden kann, der gesamtgesellschaftliche Verhältnisse auch unter vielfältigen Ungleichheitsbedingungen berücksichtigt und für die Kindheitspädagogik mit dem Fokus auf Kindertageseinrichtungen tragfähig ist.

Die Expertise wird anhand unterschiedlicher Entwürfe Bildung als Schlüsselbegriff in Relation zu den Begriffen Erziehung und Betreuung beleuchten. Dies wird mit Bezug zu erziehungswissenschaftlichen Verweisungszusammenhängen reflektiert, um einerseits sozialpädagogische Implikationen zu diskutieren sowie andererseits einen für die Kindheitspädagogik zugänglichen und dennoch theoretisch reflektierten Bildungsbegriff zu formulieren, der sowohl in der Praxis von Kindertageseinrichtungen rezipiert und aufgegriffen werden als auch in bildungspolitischen Formaten Aufmerksamkeit finden kann. Gesellschaftspolitische wie fachwissenschaftliche Herausforderungen werden in diesem Zusammenhang diskutiert. Nicht zuletzt sind die Ökonomisierungs- und Optimierungstendenzen des Bildungsbereichs sowie die an Effizienz und Humankapital orientierten Konzeptionen kritisch zu reflektieren, welche die Perspektive, Kinder als Akteur:innen ihrer Bildungsbiografien zu verstehen, tendenziell in den Hintergrund treten lassen.

2 Gesellschaftliche und strukturelle Bedingungen und Herausforderungen

Kindertageseinrichtungen werden heute als wesentliche Orte kindlichen Aufwachsens in Deutschland verstanden. In ihnen finden nicht nur Bildung, Betreuung und Erziehung (FBBE) statt, sondern in ihnen ereignet sich Kindheit. Zugleich werden diese Kindheiten von den Akteur:innen unter den jeweils gegebenen Bedingungen gestaltet. Kindertageseinrichtungen sind mittlerweile selbstverständlicher Teil des Bildungssystems (u. a. Autor:innengruppe Bildungsberichterstattung 2022). Dabei ist das Feld der FBBE von vielfältigen gesellschaftlichen Diskurssträngen, politischen Rahmenbedingungen sowie strukturellen Ungleichheitsverhältnissen tangiert. Diese Bedingungen werden im Folgenden kursorisch in Form einer gesellschaftlichen sowie explizit bildungspolitischen Rahmung beschrieben, denn die Begriffe Bildung, Betreuung und Erziehung lassen sich kaum ohne ihren gesellschaftlichen Gehalt denken. Daran soll mit diesem Kapitel nochmals erinnert werden.

Als Einrichtungen für Kinder vor dem Schuleintritt konzipiert, werden Kindertageseinrichtungen bereits früh mit Aspekten von Armutsbekämpfung, Hilfe und Betreuung, aber auch frühkindlicher Bildung konfrontieren angesprochen. Sich diversifizierende Lebens- und Familienformen (u. a. Erwerbstätigkeit beider Eltern; Migrationserfahrungen; Auflösung traditioneller Familienentwürfe und Milieustrukturen) sowie die Option, individuelle Lebensentwürfe im Rahmen des meritokratischen Versprechens und des Ideals der Chancengleichheit gestalten zu können, konfrontieren die Einrichtungen mit vielfältigen Herausforderungen.

Demnach stellt sich für Kindertageseinrichtungen nicht nur die Frage nach adäquaten Betreuungs- und Erziehungsmöglichkeiten zur Familienunterstützung, sondern auch nach ausreichenden guten Bildungsmöglichkeiten der Kinder „von Anfang an". Dieser Anspruch ist historisch bedingt, machten doch vielfältige Studien seit den 1950er Jahren immer wieder deutlich, dass Bildungsinstitutionen – insbesondere die Schule – die Reproduktion sozialer Ungleichheiten aufrechterhalten und reproduzieren. Die durch den „Sputnik-Schock" ausgelöste Rede von einer „Bildungskatastrophe" (Picht 1964) motivierte vor 60 Jahren große bildungspolitische Umbrüche in der bundesdeutschen Gesellschaft, sodass sich die angestoßenen Bildungsreformen an den zentralen Leitideen Chancengleichheit und Demokratie orientierten (Dahrendorf 1986). Gleichzeitig enthielten und beförderten die Reformen eine Argumentation, die das Bildungssystem und damit die Bildung*idee* zunehmend unter Ökonomisierungszwang setzte (Bormann/Gregersen 2007, S. 49; Radtke 2003): „Bildungsnotstand ist wirtschaftlicher Notstand. […] Wenn das Bildungswesen versagt, ist die ganze Gesellschaft in ihrem Bestand bedroht" (Picht 1964, S. 17), so die damaligen, zum Teil bis heute anhaltenden Diagnosen, die aktuell auch mit dem Thema „Bildungsarmut" verschränkt sind (Simon 2021). Der aktuelle Bildungsbericht (Autor:innengruppe Bildungsberichterstattung 2022) lässt jedoch vermuten, dass die ökonomischen Argumentationen zunehmend nicht mehr explizit hervorgerufen werden. Soziale Ungleichheiten sind in Bezug auf Bildungszertifikate zwar angedeutet und beschrieben, aber kaum als eigenständiges Thema ausgewiesen – allenfalls gelten fehlende Bildungszertifikate tendenziell als individuelles Problem. So kritisiert etwa Dieter Nittel (2022, S. 24), dass die „Art und Weise, wie das Thema [Reproduktion der Chancenungerechtigkeit] in dem Bericht behandelt wird, […] den Verdacht aufkommen [lässt], dass die Politik sich längst damit abgefunden hat, dass Erziehung und Bildung soziale Ungleichheit perpetuieren".

Das öffentliche, aber auch bildungspolitische Interesse an einer Idee, sogenannte Bildungsinvestitionen möglichst früh einsetzen zu lassen, wurde ab 2000 durch die Ergebnisse der internationalen Schulvergleichsstudien zunehmend befördert (Klinkhammer 2014). Der Turn nach den ersten internationalen Schulvergleichsstudien, den sogenannten PISA-Studien, zu einer stärkeren schulischen Bildungsorientierung in Kindertagesstätten (Roßbach/Sechtig/Schmidt 2012) führte ab der Jahrtausendwende zu einer Implementation von Bildungs- und Erziehungsplänen auf bildungspolitischer Ebene (Meyer 2018), an denen sich u. a. programmatische Diskursverschiebungen zwischen Praxis, Politik und Wissenschaft nachzeichnen lassen (Jergus/Thompson 2015, S. 812). So ist mittlerweile ein gesellschaftlich manifestiertes, hierarchisches Verhältnis zwischen schulischen und frühpädagogischen Institutionen festzustellen (u. a. Diehm 2008; Röhner 2022). Dies zeige sich u. a. darin, dass „verstärkt ein leistungsorientierter gegenüber einem emphatischen […] Bildungsbegriff […] an die Kindergartenpädagogik herangetragen wird" (Diehm 2008, S. 558). Die dominierende Leitidee einer ökonomisch gewendeten Formel von möglichst frühen Investitionen für ein „gutes Leben" – oder mindestens für eine „reibungsfreie" Schullaufbahn (Eßer 2014) – scheint auch im politisch-administrativen, wissenschafts- und praxisbezogenen Feld der Kindheitspädagogik präsent zu sein. Hier überwiegen Beiträge, die ein spezifisches „Konzept [von] Bildung, das bislang dem schulischen Kontext vorbehalten war, nun bereits vorschulisch zu verankern" (Koch 2017, S. 180) versuchen. Allerdings ist in den letzten Jahren ebenso ein Anstieg der kritischen Stimmen gegenüber solchen Zielen zu beobachten.

Es bleibt zu fragen, welcher Stellenwert *Bildung* in frühpädagogischen Kontexten gesellschaftlich zukommt, sprich, welches Bildungsverständnis oder welcher Bildungsbegriff dabei angelegt wird, aber eben auch, welche Bildungsinhalte oder -zertifikate für eine weitere Qualifizierung und Professionalisierung des Feldes notwendig seien (Rißmann et al. 2014; Lochner/Hellmann/Thole 2020). Die im Achten Sozialgesetzbuch (SGB VIII, § 22 [3]) genannte Reihenfolge des Förderauftrags von Kindertageseinrichtungen – Erziehung, Bildung und Betreuung – wird hinsichtlich ihrer Realisierung neu arrangiert und Bildung als erste Priorität markiert. Kindertageseinrichtungen sind als Institutionen zwischen Familie – mit der sie sich den Betreuungs-, Erziehungs- und Bildungsauftrag teilen – und gesellschaftlichen, formalisierten Arrangements sowie im Hinblick auf die Anschlussinstitution Schule konzipiert. Sie befinden sich damit nicht nur an der Schnittstelle von Familie, Gesellschaft und Schule (Kaul 2020), sondern mit ihnen verbunden ist auch die Frage nach dem, wie Kindheiten institutionell zu gestalten, wie Bildung, Betreuung und Erziehung zu realisieren seien.

Darüber hinaus werden unter Beachtung der Debatte um Kindeswohlgefährdung und sexualisierte Gewalt zunehmend weitere zentrale Aufgaben an die institutionellen Formate der Pädagogik der Kindheit herangetragen, etwa ihrem Schutzauftrag nachzukommen (Bastian/Diepholz/Lindner 2008; Robert/Pfeifer/Drößler 2011). Präventionsangebote sollen darüber hinaus Risikolagen entgegenwirken und zu besserer Gesundheit und Bewegung, zu mehr Resilienz und Wohlbefinden beitragen (Keupp 2011). Die damit thematisierte gemeinsame Sorge um die Kinder schließt ein, Kindern angesichts ihrer besonderen Vulnerabilität verlässliche Beziehungen zu bieten, ihren Entwicklungsbedürfnissen nachzukommen und sich um positive Bedingungen des Aufwachsens zu kümmern (Hering/Schroer 2008). Aus empirischer Perspektive spielen auch Hilfearrangements im (inklusiven) pädagogischen Alltag (Beutin/Flämig/König 2018) sowie die Unterstützung und Beratung von Eltern im Sinne von Erziehungs- und Bildungspartnerschaften (Betz 2015) eine bedeutende Rolle. Zunehmende Berücksichtigung erfahren auch Fragen der Demokratiebildung und Partizipation (u. a. Hansen/Knauer/Sturzenhecker 2011) sowie Bildungsbemühungen in Bezug auf eine Anerkennung von Diversität (u. a. Prengel 2019; Gramelt 2010).

Auf unterschiedlichen Ebenen werden „neue" oder bereits etablierte, sich jedoch stets verändernde Inhalte an die Fachkräfte der FBBE sowie an die Organisationen selbst herangetragen – das Feld befindet sich inhaltlich, strukturell sowie personell „im Wandel" (König 2021b). Dies gilt es mitzureflektieren, denn obschon sich „in einer zugespitzt kapitalistischen, neo-liberalen Gesellschaftsformation […] die Zentrierung um das Ökonomische in den vergangenen Jahren durchgesetzt" (Mierendorff 2019, S. 89) hat, verweist die knappe Skizze hier auf weitere Aufgaben. Das Feld ist nach wie vor gefordert, Fragen des Wohlergehens von Kindern als bedeutsam herauszustellen. Es ist davon auszugehen, dass die Rationalitäten des Ökonomischen die Wirklichkeit in Kindertageseinrichtungen

„durch die konkreten Rahmungen und Sprachweisen" (Mierendorff 2019, S. 90) mit bedingen. Diese Beobachtung ist im Diskurs um die gegenwärtig vorherrschenden Begrifflichkeiten von Bildung, Betreuung und Erziehung mitzubedenken.

3 Betreuung und Erziehung

Bildung, Betreuung und Erziehung sind mehr oder weniger komplexe „Umbrella-Begriffe", die nicht immer genau voneinander abgegrenzt werden können und in theoretischen, konzeptuellen, handlungsfeldbezogenen und politischen Beiträgen und Diskussionen sehr unterschiedlich „gefüllt", verstanden und diskutiert werden. In wissenschaftlichen Diskursen werden die Begriffe anders thematisiert als in der pädagogischen Alltagspraxis oder in bildungs- und sozialpolitischen Diskussionen. Hierdurch erscheinen die Begriffe vieldeutig. Unter Verzicht auf die Nachzeichnung einer Begriffsgeschichte wird nachfolgend zunächst eine Annäherung an die Begriffe Betreuung und Erziehung versucht. Diskutiert wird auch, ob es angesichts sich ausweitender, gesellschaftlich dem Feld Kindertageseinrichtungen zugewiesener und multifunktionaler Aufträge (Cloos/Richter 2018) noch zeitgemäß ist, an der Trias festzuhalten (vgl. Kapitel 5). Aus einer institutionentheoretisch verankerten Perspektive lässt sich konstatieren, dass im Diskurs zu Kindertageseinrichtungen die an sie herangetragenen Aufgaben im Kern nicht durchgehend pädagogisch grundiert werden können. Wenn dem so sein sollte, dann wäre von einem multifunktionalen Charakter (Honig 2004, 27 f.) der institutionalisierten Angebote der Bildung, Betreuung und Erziehung von Kindern zu sprechen. Demnach wäre die Trias u. a. um die Begriffe der Prävention, des Schutzes und der Hilfe sowie der Beratung zu erweitern. Im Rahmen der Expertise werden damit verbundene Fragen nicht dezidiert aufgegriffen, jedoch im vierten Kapitel nochmals diskursiv einbezogen. Nachfolgend wird zunächst beschrieben, was mit den Begriffen Betreuung und Erziehung gemeint wird, um im anschließenden Kapitel den Bildungsbegriff mit Blick auf institutionalisiertes Aufwachsen breiter zu diskutieren. Im fünften Kapitel werden die referierten Perspektiven dann insgesamt diskutiert und versucht, den Begriff Bildung so zu fassen, dass er auch für frühpädagogische Kontexte tragfähig ist.

3.1 Betreuung

Ein zentraler öffentlich-politischer Diskursstrang um Betreuung meint das „rechtlich-institutionalisierte[.] Arrangement" (Bilgi/Sauerbrey/Stenger 2021b, S. 8; Dietrich/Wedemann 2019, S. 452) zwischen Fachkräften und Eltern. Obschon Betreuung innerhalb der Trias vermeintlich eingängig sei, ist aus erziehungswissenschaftlicher Perspektive zu konstatieren, dass es der am wenigsten theoretisierte „Sammelbegriff" (Wehner 2021, S. 18) zu sein scheint. Er ist damit der pädagogisch unbestimmteste (vgl. Dietrich/Wedemann 2019, S. 452). Obschon immer mitgenannt, fristet er theoretisch ein „Schattendasein" (Farrenberg/Schulz 2021, S. 27) und stellt ein empirisches Forschungsdesiderat dar (Bilgi/Sauerbrey/Stenger 2021b, S. 7; Viernickel et al. 2012).

In den – wenigen vorliegenden – wissenschaftlichen Beiträgen zu „Betreuung" wird übereinstimmend herausgestellt, dass hiermit eine umfassende, zunächst elterliche, jedoch auch professionelle Aufmerksamkeit und Sorge für das leibliche, körperliche und psychische Wohlergehen von jüngeren Kindern auszudrücken versucht wird. Betreuung im Feld der FBBE umfasst „Sorge für das leibliche und seelische Wohl bzw. Wohlbefinden der Kinder [sowie] Pflege und Gesundheitsfürsorge, aber auch emotionale und soziale Anerkennung" (Bundesministerium für Familie, Senioren, Frauen und Jugend 2008, S. 9). Auch Ludwig Liegle (2013, S. 54) hebt dies hervor und ergänzt, Betreuung bedeutet, „Zeit für Kinder, Aufmerksamkeit für ihre Signale und Bedürfnisse, Zuwendung und Anerkennung" bereitzustellen. Damit knüpft der Begriff einerseits an Diskurse von Bildung und Erziehung an, andererseits wird damit ein gänzlich anderes Bündel an professionellen Praktiken entworfen: Die daran geknüpften Praktiken können z. T. nicht einmal als genuin pädagogisch erachtet werden (Wehner 2021, S. 12), wie bspw. die Bereitstellung von Ernährung und Gesundheitspflege. In anderen Entwürfen scheint Betreuung die Voraussetzung von Bildung und Erziehung zu sein (Becker-Stoll/Niesel/Wertfein 2020), wobei der Stellenwert der generationalen Ordnung als „Care-Ordnung" hervorgehoben wird (Gaßmann 2021, S. 114). Auch wenn systematische, theoretisch-begriffliche Überlegungen in einem jüngst publizierten Sammelband (Bilgi/Sauerbrey/Stenger 2021) vorgestellt werden, lässt sich festhalten: Der Betreuungsbegriff wird *erstens* in der Vergangenheit und aktuell prägnanter für den U3-Bereich diskutiert als insgesamt für das Feld der FBBE. Und es gibt *zweitens* Erziehungs- und Bildungstheorien, aber eine „Betreuungstheorie" gibt es so noch nicht.[1] Einen Beitrag zur theoretischen Absicherung des Begriffs können historische (u. a Hering/Schroer 2008) sowie aktuelle feministische Diskussionen und Überlegungen zu Sorge- oder Care(-Arbeit) (z. B. Schnerring/Verlan 2020; Winker 2015; Hochschild 2012) leisten, die als eigenständige (gesellschafts-)theoretische Überlegungen Impulse für die Beantwortung der Frage nach Betreuung im Feld der Kindertageseinrichtungen geben können.

Gegenwärtig ist im politischen Diskurs wahrzunehmen, dass Betreuung Bildung und Erziehung einzuschließen scheint und sich die öffentliche Debatte gar

---

1 Möglicherweise wird eine solche in Zukunft bei Annegret Gaßmann zu finden sein, deren Promotionsprojekt „Alltägliches (Fremd-)Betreuen – Empirische Annäherungen an die institutionelle Betreuung von Kindern unter drei Jahren" diesbezüglich vielversprechend scheint.

ausschließlich um Betreuung(splätze), -formate, -arrangements, -qualitäten oder -möglichkeiten usw. dreht (Farrenberg/Schulz 2021). Dabei wird gegenwärtig insbesondere auf eine Vereinbarkeitsthematik abgezielt, die Eltern und hier vor allem Frauen: adressiert, während Kinder als „Nutzer:innen", seltener als „Gestalter:innen" darunter subsumiert werden. Betreuung fungiert hier inzwischen als zentraler Begriff, um das Feld der institutionellen Pädagogik in Kindertageseinrichtungen zu adressieren. Mit Rekurs auf den politischen Diskurs und auf die erwähnten Überlegungen zu Care- und Sorgearbeit kann betont werden, dass die strukturell-gesellschaftliche Bedeutung des Betreuungsbegriffs nicht zu vernachlässigen ist (auch Hünersdorf 2021). Dominik Farrenberg und Marc Schulz stellen fest (2021, S. 40): „Das aktuelle Interesse der Pädagogik der frühen Kindheit am Begriff der Betreuung ist damit als Indiz dafür zu lesen, dass sich ihre Konzepte und Reflexionen nicht länger allein auf eine ausschließlich pädagogisch informierte Innenperspektive beschränken können. Vielmehr müssen ihre Analysen die gesellschaftlich und institutionell gerahmte Außenperspektive im Kontext von Kindertagesbetreuung systematisch miteinbeziehen."

3.1.1 Care: Pflege und Fürsorge – professionelles Pflegehandeln und Sorgearbeit

Erziehung als „zeigeorientiertes" und Bildung als „reflexionsorientiertes" pädagogisches Handeln (Wehner 2021) wird Betreuung in den meisten Entwürfen als *beziehungsorientiertes pädagogisches Handeln* gegenübergestellt (1). Wird weniger auf die pädagogischen Praktiken fokussiert, kann Betreuung auch als „institutionalisierte Sorge" (Baader/Eßer/Schröer 2014; Farrenberg 2020), als ein Element von Sozialstaatlichkeit sowie als „gesellschaftliche Organisation von Sorgearbeit" (Aulenbacher/Dammayr 2014, S. 69) verstanden werden. Dies berücksichtigend werden dann unterschiedliche Konturierungen des Begriffs aufgeführt – *als professionalisierungsbedürftige Tätigkeit* (2), *als Sorgeverhältnis von Adressierung und Anerkennung* (3) und als *advokatorische Für-Sorge und sorgeversierte Pädagogik* – und darüber ein erweiterter Betreuungsbegriff formuliert.

(1) *Betreuung als beziehungsorientiertes (asymmetrisches) Handeln*: Ludwig Liegle (2013, S. 91) versteht Betreuung als eine „defizitäre Form von Sozialität", die in der menschlichen Vulnerabilität schutzbedürftiger Körper gründet. Dabei zielt er insbesondere auf die asymmetrische familiale und generationale Beziehung zwischen Kindern und Eltern ab. Auch Hans-Günther Homfeld und Marie Schneider (2008, S. 500) heben im Betreuungsbegriff die Aspekte „Sicherheit, Bindung und Geborgenheit" hervor, die Erwachsene Kindern geben. Im Gegensatz dazu wird in Care- und Sorgetheorien jedoch die potenzielle Symmetrie der Akteur:innen in ihrem existenziellen Aufeinander-angewiesen-Sein betont (dazu auch Bilgi/Stenger 2021).

(2) *Betreuung als professionalisierungsbedürftige Tätigkeit*: Dorothee Gutknecht (2020, S. 586) hebt eine professionelle Responsivität als zentral für die Arbeit im Krippenbereich hervor. Diese zeichne sich nicht nur durch ein angemessenes und individuelles Reagieren auf Signale des Kindes aus, sondern eben auch durch professionelles Interaktions- und Kommunikationsverhalten innerhalb des Teams und gegenüber den Eltern. Hierbei wird davon ausgegangen, dass all dies sich auch auf die Entwicklung des Kindes auswirke. Insbesondere im Kontext inklusiver Arbeit und der damit zusammenhängenden Pflege- und Sorgeinterak-tionen wird dieser professionellen Haltung eine zentrale Rolle zugesprochen (Gutknecht 2020). Diese würde sich jedoch erst über von Fachkräften in Aus-, Fort- und Weiterbildungen erworbene Kommunikationsformen in der Praxis bewähren (z. B. Gebärdensprache, taktile Kommunikation usw.) und könnten mitnichten als Teile der lange propagierten „natürlichen Mütterlichkeit" gesehen werden.

Auf diesem Feld, so ist anzunehmen, herrscht Mangellage sowohl in Praxis wie Forschung als auch im Stellenwert, den Care-Arbeit in der Gesellschaft hat. So weist die elf Jahre alte Studie „Kleine Kinder – großer Anspruch" (Wert-fein/Müller/Kofler 2012) insbesondere auf qualitative Mängel in Bezug auf pro-fessionelle Aspekte der Pflege hin. Hier liegen Vorschläge vor, pflegewissen-schaftliche Ansätze für den Kita-Bereich zu adaptieren (Gutknecht 2020, S. 588). Für Fragen nach der Achtung von Kinderrechten sowie des Kindeswohls kann oder müssten „Lebensaktivitäten" (ebd.) in ihren Interaktionen- und Bezie-hungsvorstellungen durchdacht und reflektiert werden. Hier verschwimmen je-doch im Kern die Grenzen zu Erziehung oder Bildung – zum Pädagogischen. So modelliert kann Pflege als spezielle Betreuungspraktik nicht mehr „nur" als Be-treuung verstanden werden, sondern reicht in weite Aspekte von Bildung und Erziehung hinein (dazu auch Gutknecht 2020, S. 589). Sie kann dann als Voraus-setzung, um Bildungsqualität zu steuern (Bilgi/Sauerbrey/Stenger 2021b, S. 8), begriffen werden.

(3) *Betreuung als Sorgeverhältnis von Adressierung und Anerkennung*: Bettina Hünersdorf (2021, S. 46–50) stellt mit Verweis auf Margrit Brückner (2010, S. 17) Care als ein auf Beziehung ausgerichtetes responsives Wahrnehmungs-, Inter-pretations- und Kommunikationsrepertoire heraus. Sie beschreibt Care als eine Weltsicht, die die „Verbundenheit mit anderen Menschen wahrnimmt und [um] das Angewiesensein auf sie weiß" (Conradi 2013, S. 10). Reziprozität ließe sich hier nicht voraussetzen, sondern würde sich immer erst im Rückblick als reali-siert (oder eben nicht) herausstellen. Sie hebt Care somit als Adressierung und Anerkennung der Verletzlichkeit der anderen hervor. Der „gelungene Vollzug von Sorge" (Hünersdorf 2021, S. 50) würde sich dann in Form einer beidseitig wahrgenommenen Herstellung von Symmetrie in der Anerkennung der Unter-schiedlichkeit zweier transformierbarer Perspektiven ausdrücken.

Unterstrichen wird, dass in institutionellen Betreuungssettings diese Form von Care aufgrund der gegenwärtigen Arbeitsbedingungen in Kindertageseinrichtungen nicht erwartbar sei. Die leiblich-affektiven-emotionalisierten – und vergeschlechtlichten – Aspekte von Sorge werden im Kontext von Professionalisierungsbemühungen, so die Kritik, abgeschnitten und degradiert. Sie werden damit Bildungs- und Erziehungsprozessen (zur Humankapitalakkumulation) hierarchisch unterstellt (Hünersdorf 2021). Diejenigen, die die pflegerischen und sorgenden Care-Arbeiten in Kindertageseinrichtungen ausführen, seien den hochschulisch ausgebildeten (Kindheits-)Pädagog:innen damit gegenübergestellt. Aufgrund der widrigen Arbeitsbedingungen (Fachkräftemangel, Betreuungsschlüssel usw.), so ist weiter anzunehmen, lassen sich die intensiven Sorgebeziehungen zu den einzelnen Kindern nicht in befriedigendem und erfüllendem Maße umsetzen, sodass es zu Entfremdungsprozessen kommt. In diesen würden Kinder zu Objekten von Sorge gemacht und diese nicht mehr als Akteur:innen der Sorgebeziehungen anerkannt – was für beide Seiten, Professionelle wie Kinder, fatal sei.

(4) *Betreuung als advokatorische Für-Sorge und sorgeversierte Pädagogik*: Ulrich Wehner (2021) fasst Betreuung als advokatorische Für-Sorge, denn sie „antwortet auf jedes anthropologisch bedingte Streben nach gelingendem Selbst-Sein-Können, ohne jeden Bildungsprozess blindlings zu unterstützen" (Wehner 2021, S. 21). „In Abgrenzung von pädagogischem Paternalismus und diskursiver Reflexionszentrierung" (ebd., S. 22) übergehe „eine am Topos der Sorge orientierte lebensalterssensible Pädagogik anerkennungstheoretisch zu keiner Zeit die Eigentümlichkeit individueller Selbstsorge und setzt von Anfang an auf dialogisch-partizipatorische Abstimmungsprozesse" (ebd., S. 21).

Eine solche „sorgeversierte Pädagogik" denkt Betreuung eingebunden in die Trias, um sie auch inhaltlich rahmen zu können. Dabei ist ein Bild von Kindern als von Geburt an Akteur:innen und Seiende unabdingbar. Ebenso müsse „Verhalten, Kommunikation und Zeigen prinzipiell in eines gesetzt werden" (Wehner 2021, S. 23), um die Differenz zwischen vermeintlich erzieherischem und nicht-erzieherischem Handeln einzuebnen und um eine solidarische und achtsame Grundhaltung in allen pädagogischen Praktiken und Interaktionen zu etablieren. Fürsorgende Betreuung, so Wehner (2021), habe dann aus sich heraus einen Eigenwert und ist nicht darauf angewiesen, beobachtbare Lern- oder Bildungsprozesse konkret anzuregen. Ein so modulierter Sorgebegriff, der auch die Sorge „um das Dasein" in der Welt meint, denkt gesellschaftliche Bezüge stets innerhalb und außerhalb der Akteur:innen mit – es geht nicht um eine individuumzentrierte Selbstsorge (Wehner 2021, S. 20) und immer schon um mehr als ein „Versorgen", nämlich auch um ein „Umsorgen" von Anderen (Farrenberg/Schulz 2021, S. 37). Eine „sorgeversierte Pädagogik" lässt sich als dialogisch verstehen (ebd., S. 38). Allerdings ist zu berücksichtigen, dass „institutionalisierte

[...] Sorge reflexiv von einer anthropologisch-pädagogischen Signatur der Sorge-arbeit aus[geht], welche epistemisch auf einer generational geordneten Sorge-bzw. Versorgungsnotwendigkeit und -bedürftigkeit junger Menschen aufruht" (ebd. 37), wie oben dargestellt wurde.

3.1.2 Betreuung im feministischen Diskurs

Das Themenfeld der Betreuung tangiert insbesondere im Rahmen der Care-De-batte historisch wie aktuell wesentliche geschlechterpolitische Fragestellungen: a) Die Entstehung des Erzieher:innenberufs als weiblich: gelesenes Arbeitsfeld, b) die Frage nach der (heterosexuellen) Kleinfamilie und dem Konstrukt der „Hausfrau" und damit also c) das Verweisen an, Unsichtbarmachen und Aber-kennen von Sorgearbeit von Frauen.

Während außerfamiliale Betreuungsangebote damals wie heute notwendig sind, um das Familieneinkommen zu sichern, stellte darüber hinaus eine außer-häusliche Betreuung für bürgerliche Familien durch den Fokus auf Bildung und Erziehung immer schon mehr dar als eine reine Betreuung, wie sie in den „Be-wahranstalten" des 18./19. Jh.s für proletarische Familien angedacht war, bevor die Arbeitskraft der Kinder zum Einsatz kam. Historisch lassen sich so Krippen also noch stärker in die Entstehung der Familienhilfen einordnen, die Gesund-heit und moralische Integrität bei den Kindern der pauperisierten Familien über „Fremdbetreuung" (Gaßmann 2021, S. 115) zu bewahren versuchten (Reyer 2006). Weitestgehend stellte jedoch die Betreuung innerhalb der Familie die nor-mative Orientierung dar, wodurch eine Form von natürlicher Betreuungsfähig-keit mit Mutterschaft verbunden wurde und so auch die Lebenswirklichkeit vie-ler (arbeitender) Frauen: unter den Druck eines normativen Rasters „guter Mutterschaft" stellte und stellt (Lorber 2012, S. 12).

In der DDR weitestgehend als Normalität verstanden, wird der Ausbau von Betreuungsplätzen nach der Wende hingegen vor allem mit der Vereinbarkeits-thematik begründet. Dies kann zunächst als Fortschritt betrachtet werden, der jedoch aufgrund der sich nur langsam und schleppend verändernden Geschlech-ter- und Sorgearbeitsverhältnisse zu einer „Doppelbelastung" bei Frauen: führt, solange sich gesamtgesellschaftliche Geschlechterverhältnisse nicht ändern. Ins-besondere auch deshalb, weil nicht durchgängig aus emanzipatorisch-feministi-scher Warte argumentiert wird, sondern auch bildungs- und sozialpolitisch mit den ökonomischen Argumenten einer Wettbewerbsgesellschaft (Klinkhammer 2010) unter den Stichworten „Soziale Investitionen" und „Humankapital" (dazu auch Großkopf 2014). Dabei ist weniger die „Etablierung der Zwei-Erwerbstäti-gen-Familie" (Mierendorff/Ostner 2014, S. 204) das Problem, als vielmehr die noch immer massiv vergeschlechtlicht und ungerecht aufgeteilten häuslichen Sorgearbeiten. Betreuung wird gesellschaftlich als „niedere" Arbeit verstanden (Liegle 2013, S. 91). Aus diesem Grund argumentiert Bettina Hünersdorf (2021) auch für einen existenzialen Sorge-Begriff (engl. Care), um auf die Aspekte der genderbezogenen Vergesellschaftung von Betreuung in der kapitalistischen Gesellschaft hinzuweisen. Stattdessen dominieren jedoch weitere Diskursstränge das Aushandlungsfeld der außerfamilialen Betreuung, die grundsätzlichen Fragen nach Arbeitsteilung und Anerkennung von Sorgearbeit überlagern oder gar dramatisieren, bspw. Diskussionen um Risiko und Nutzen von früher außerfamilialer Betreuung (Gaßmann 2021, S. 118; Betz/Bischoff 2013).

3.1.3 Zwischenfazit

Eine Auseinandersetzung mit dem Betreuungsbegriff motiviert die Formulierung der These, dass die Trias Bildung, Betreuung und Erziehung sich auflöst, denn selten wird „nur" ein Begriff verhandelt. Betreuung wird beispielsweise (aufgrund der vergeschlechtlichten Komponente) zumeist im Kontext der Begriffe Erziehung und Bildung diskutiert, teilweise aber auch zur Voraussetzung oder Bedingung für die Initiierung von Bildung gemacht.

Die Rede von und der Fokus auf Betreuung birgt Chancen, spezifische bisher noch immer anerkannte Teile professionellen Handelns sorge- oder caretheoretisch aufzuwerten. Ob es hierfür angrenzende Disziplinen wie Entwicklungspsychologie, Pflegewissenschaften usw. braucht, wird auch auf Basis der dort in Zukunft aufzufindenden Forschungsarbeiten zu bewerten sein. Gleichzeitig hat der Fokus auf Betreuung eben auch eine Kehrseite, die konservative Stimmen und die Rückbesinnung auf eine familiale Betreuung stärkt. Es wird deutlich, dass die Ausgestaltung des Aufwachsens von Kindern eine gesellschaftliche Aufgabe ist und bleibt. Weder das frühpädagogische Feld allein noch die individuellen Sorgebeziehungen innerhalb einzelner Familien können sich dieser gesamtgesellschaftlichen Aufgabe stellen. Der Einbezug feministischer Perspektiven zeigt auf, dass nur mit einer grundlegenden Veränderung von Sorge-Ordnungen diese Herausforderung so gestaltet werden kann, dass sie sich positiv für alle Beteiligten auswirkt.

3.2 Erziehung

Erziehung gilt neben Bildung und Lernen als ein klassischer Begriff der Erziehungswissenschaft, wobei die Begriffe nicht immer trennscharf voneinander abgegrenzt werden können. Der theoretisch breite Diskurs zum Begriff Erziehung kann an dieser Stelle ebenso wenig umfassend wiedergegeben werden, wie eine fachwissenschaftlich kritische, historisch-philosophische, pädagogisch-pragmatische und definitorische Feinheiten beachtende Auseinandersetzung. Vielmehr soll ein kursorischer Überblick über einige markante Diskurse zu Erziehung eine grundlegende Einschätzung ermöglichen, die insbesondere auf die institutionalisierte Erziehung in Kindertageseinrichtungen abhebt (König/Stenger/Weltzien 2013). Dabei wird ein intentionaler (1) einem kritisch-reflexiven Erziehungsbegriff (2) entgegengesetzt und die Perspektive auf Erziehung als moralische Kommunikation erweitert, um schließlich die aktuellen frühpädagogischen Diskurse nachzuzeichnen (4).

3.2.1 Erziehung als zweckgerichtetes Tun

Erziehung meint nach Wolfgang Brezinka (1978) im Sinne eines *intentionalen Erziehungsbegriffs* ein menschliches Handeln, welches als absichtsvolles, zweckgerichtetes Tun definiert werden könne und sozial eingebettet sei. „Die Wirkung, die der Erzieher im Educanden hervorbringen will, ist eine bestimmte Verfassung der Persönlichkeit. Er will dazu beitragen, daß der Educand bestimmte Fähigkeiten, Fertigkeiten, Kenntnisse, Einstellungen, Haltungen, Gesinnungen oder Überzeugungen erwirbt und beibehält" (Brezinka 1978, S. 43). Erziehung finde damit in einer asymmetrischen, tendenziell hierarchischen Beziehung statt, die einem kausalen Ursache-Wirkungs-Verhältnis folgt, deren Wirkungseinschätzung als wertvoll beurteilt würde. „Wer erzieht, will den Educanden in irgendeiner Hinsicht besser, vollkommener, tüchtiger oder fähiger machen, als er ist. [...] Als Maßstab dient dabei die Wertordnung der jeweiligen Erzieher und ihrer Auftraggeber" (Brezinka 1978, 43 f.). Erziehung wirke nicht nur auf das wahrnehmbare Handeln des:der Erzogenen, sondern auch auf die innere Einstellung, sie habe keine beliebigen Motive, sondern geschehe wertebasiert. Brezinka betont die Bedeutung der halt- und regelgebenden Anderen, an denen sich das Kind orientiere und mit denen es Beziehungen pflege, die es zu moralischen Anstrengungen motivieren würden. Problematisch an diesem Erziehungsverständnis sind dabei die verborgenen Aspekte: Aufseiten des Educanden soll eine Veränderung psychischer Dispositionen erreicht werden und aufseiten des Erziehenden wird ein absichtsvolles Handeln unterstellt. Dies kann im konkreten Erziehungsprozess kaum in situ auf diese idealtypische Weise abgebildet werden. Das eingelagerte Kausalitätsverhältnis von Ursache – Wirkung ist dabei ebenso kritisch zu betrachten (Koller 2012b, 52 ff.).

3.2.2 Erziehung in der Gesellschaft – kritisch-reflexive Erziehungsbegriffe

Erziehung vollzieht und ereignet sich neben privaten Settings in institutionalisierten, öffentlich verantworteten, frühkindlich-professionellen Arrangements, die immer auch historisch und gesellschaftspolitisch eingebettet sind. Gesellschaft und Politik als Auftraggebende tradieren zugleich spezifische gesellschaftliche, historisch reflexive Wertordnungen. Wolfgang Brezinkas (1990, S. 65 ff.) Differenzierung eines intentionalen Erziehungsbegriffs setzt das zielgerichtete Tun pädagogischer Fachkräfte zentral. Die impliziten und kollektiven Rahmungen des Erziehungshandelns werden jedoch eher ausgeblendet. Die intentionale Perspektive erscheint zwar aufgrund ihrer Abgrenzung zum Sozialisationsbegriff charmant, kann aber die Komplexität erzieherischen Geschehens nicht in Gänze erfassen (Koller 2012b, 54 f.). Der von Wolfgang Brezinka rein deskriptiv ausgewiesene Erziehungsbegriff bricht sich genau mit den eingelagerten historischen wie gesellschaftspolitischen Bedingungen, in denen Werte und Normen hervorgebracht und reproduziert werden. Demnach müsse Erziehung immer auch eine normative Komponente haben, die sich *kritisch-reflexiv mit bestehenden Zusammenhängen auseinandersetzen* müsse und hierüber an Bildung erinnere (Mollenhauer 1972). Eine einseitige Fassung des Erziehungsgeschehens als linear und asymmetrisch, die auf einen deutlichen „Determinierungszusammenhang" (Kron 1996, S. 56) hinweist, sei zu hinterfragen. Erziehung vollziehe sich innerhalb einer „Kommunikationsgemeinschaft" (Mollenhauer 1972, S. 42) als „symbolisch vermitteltes kommunikatives Handeln" (ebd., S. 168), das immer auch eine „gedachte Vorwegnahme (Antizipation)" (ebd., S. 17) enthalte.

Klaus Mollenhauer verweist darauf, dass Erziehung Rollenhandeln sei, in welchem die Handelnden gemäß ihrer sozialen Positionierungen innerhalb „gegenseitiger Verhaltenserwartungen interagieren" (Mollenhauer 1972, S. 56). Zugleich sei Erziehung nicht nur bloßes und direktes Handeln zwischen Erziehenden und Educanden, sondern geschehe bewusst wie auch unbewusst. Erziehung sei eingebettet in lebensweltliche Zusammenhänge und schließe damit die Umwelt und den Raum mit ein. Bedeutsam erscheint in Klaus Mollenhauers Ausführungen die Dimension eines Kollektivs, die Erziehung innerhalb eines Generationenverhältnisses verstehe (Mollenhauer 1972, S. 19). Siegfried Bernfeld bringt dies auf die Formel, dass Erziehung die „Summe der Reaktionen einer Gesellschaft auf die Entwicklungstatsache" sei, denn „Erziehung gibt es nur dort, aber überall dort, wo Kindheit in Gesellschaft abläuft. Ihre Voraussetzungen sind diese zwei: die biologische und die soziale Tatsache" (Bernfeld 2005, 50 f.; auch Liegle 2014). Klaus Mollenhauer macht darüber hinaus darauf aufmerksam, dass Erziehenden eine Standortgebundenheit in historischer, gesellschafts-politischer Hinsicht innewohne und daher „jeder Erziehungsvorgang […] politische Implikationen enthält" (Mollenhauer 1972, S. 12). Erziehung müsse zugleich als „vermittelndes Korrektiv" zwischen familialen Bezügen und kollektiven Ordnungsbildungen (Mollenhauer 1972, S. 19) verstanden werden, die sie zudem kritisch zu reflektieren habe. Erziehung weise damit über sich hinaus – und hier zeigt sich eine Unschärfe zu Bildung – da sie nicht einfach bestehende Herrschaftsnormen reproduziere, sondern auf die Entwicklung eines:einer mündigen Bürgers:Bürgerin abziele (Mollenhauer 1973). „Der Heranwachsende […] soll im Erziehungsvorgang hervorgebracht werden als ein Subjekt, das zur Beteiligung am gesellschaftlichen Leben fähig ist, und zwar nicht nur im Sinne einer funktionalen Handlungsfähigkeit, sondern auch im Sinne von Erkenntnisfähigkeit" (Mollenhauer 1972, S. 42).

3.2.3 Erziehung als moralische Kommunikation

Diese Erkenntnisse transferiert auf institutionalisierte Erziehungskontexte machen sichtbar, dass Erziehung in einen ethisch-kollektiv abgestimmten, gesellschaftlich gesicherten und politisch gerahmten Wertekanon eingebettet ist, der nicht nur die auf das Subjekt bezogenen Ziele antizipiert, sondern darüber hinaus ein kollektives Werden einer Generation perspektivisch vorwegnimmt. Jürgen Oelkers (2001) differenziert dabei zwischen praktischer Tätigkeit und einer Theorie der Erziehung. „Erziehung' ist immer eine positive Wirkungsbehauptung, die oft mit großflächigen Zielen verbunden wird" (Oelkers 2001, S. 23). Erziehungstheorien konzentrieren sich auf Moral und ihre Erwartungen auf Personen – in diesem Sinne fasst Oelkers Erziehung als moralische Kommunikation (Oelkers 2001, S. 255 f.). Eine theoretische Auseinandersetzung verweise dabei auf „drei historische Erwartungen: Erziehung ist einmal ein Prozess, der nicht früh genug beginnen kann, zweitens eine linear aufsteigende Verknüpfung und drittens ein nicht limitierbarer Gesamteffekt" (Oelkers 2001, S. 25). In Reflexion auf eine mögliche Erziehungstheorie konstatiert Jürgen Oelkers, Grundlage von Erziehung sei situatives Handeln mit Kindern, welches Folgen hat. „In diesem Sinne wäre ‚Erziehung' grundlegend *Erwartung*, bei der zwei Züge interessant sind, die Kontinuierung *trotz* Erfahrung und Korrektur *mit* Erfahrung" (Oelkers 2001, S. 202). Erzieherische Motive, seien sie auch illusionär, lassen sich demnach nicht einfach durch Erfahrungen zurückweisen und zugleich sind Motivkorrekturen pädagogischer Überlegungen notwendig und führen zum Lernen (Oelkers 2001, S. 202). Erziehung beruhe zudem auf einem als bearbeitungswürdig gedachten Defizit der Adressat:innen und dessen Beseitigung durch Dritte. Dabei müsse eine Pauschalisierung dieses Defizits vermieden sowie vorherige Irrtümer im Erziehungsangebot identifiziert und bearbeitet werden sowie eine „Resultatkontrolle möglich sein" (ebd., S. 267). Zudem vollziehe sich Erziehung, und dies sei eine „wesentliche Erfahrung", in einer begrenzten Zeit (Oelkers 2001, S. 179). Hier lassen sich Tendenzen einer Ökonomisierung und Effektivierung von Lebenszeit anschließen, die in institutionellen Erziehungskontexten mit einer gelungenen Zukunft assoziiert werden (Lange 2013). Diesen gesellschaftspolitischen Tendenzen hält Jürgen Oelkers, rekurrierend u. a. auf Jean-Jacques Rousseau, entgegen, dass das Interesse an Lernen und damit an Veränderungen aus dem Kind herauskäme. Eine so verstandene „subjektive Pädagogik" orientiere sich am Individuum, denn „die richtige Erziehung kann abwarten und folgt der Bewegung des Kindes" (Oelkers 2001, S. 176). Auch wenn Erziehung als Prozess nicht präzise vorhersagbar sei (Oelkers 2001, S. 224), sind über die gesellschaftliche Rahmung institutioneller Erziehung als zeitlich begrenzte Entwicklungsbegleitung, u. a. über Kompetenzaufbau und Sprachförderung zum Abbau von Bildungsungleichheit Wunsch- und Machbarkeitsvorstellungen eingelagert, auf die mit Siegfried Bernfelds (2005, S. 143 ff.) Überlegungen zur Grenze von Erziehung geantwortet werden kann.

3.2.4 Frühpädagogische Perspektiven

Neben diesen allgemeinen Überlegungen zu Fragen von Erziehung existieren teils daran anknüpfende, explizit sich als frühpädagogisch verstehende Debatten. Mit Bezug zu einer möglichen Gesamtperspektive konstatiert Ursula Stenger (2015, S. 39), dass Erziehung als Vollzugsgeschehen kein einmaliger Akt, sondern in ihrer Realisierung als langfristige Aufgabe konzipiert sei, die in „Verflechtungen von Strukturen, Institutionen, Menschen und Dingen zu betrachten" sei. Ludwig Liegle (Liegle 2014, S. 29; Liegle 2013) versteht institutionalisierte Erziehung als „kulturelle Evolution", welche die menschliche Erziehungsfähigkeit und -bedürftigkeit unterstütze.

Erziehung kennzeichne dabei „eine besondere Art des Bezugs und des Handelns" (Stenger 2015, S. 40). Ursula Stenger (2015) zeichnet Erziehung *erstens* als historisch genesenen Prozess zwischen Generationen nach, in welchem wechselnde Modelle mit je inhärenten Ideen und Zielen verwoben sind, die auf die anthropologische Notwendigkeit der Erziehungsfähig- und Bedürftigkeit reagieren (auch Liegle 2013). Zugleich fußt dieses Erziehungsgeschehen *zweitens* auf ein generationales Machtgefüge: „Ohne diese Macht ist Erziehung schwer möglich" (Stenger 2015, S. 42). Ludwig Liegle (2014, S. 30) spricht mit Blick auf institutionalisierte Erziehung von einer Trennung der Generationen in einer asymmetrischen Struktur. Dennoch: „Die Erziehung und die Formen ihrer Institutionalisierung sind kein eindeutiges und eindeutig bewertbares, sondern ein mehrdeutiges und in sich widerspruchsvolles Phänomen", welches über ein zentrales Dilemma zwischen Kultivierung und Freiheit, eine „unauflösbare Bipolarität zwischen Potentialen der Befreiung und Potentialen der Beherrschung und Unterdrückung strukturell angelegt" sei (Liegle 2014, S. 31). So sei Erziehung ganz allgemein „als das Ensemble jener Maßnahmen und Prozesse [zu] beschreiben, von welchen angenommen wird, dass sie einerseits die umfassende Entwicklung der in den Individuen angelegten Potentiale unterstützen und anregen und andererseits dazu beitragen, dass die gesellschaftlichen Güter, Wissensbestände und Werte von Generation zu Generation weitergegeben werden" (Liegle 2014, S. 35).

Ludwig Liegle charakterisiert Erziehung als vieldeutigen Prozess, der sowohl auf die Absicht als auch auf das Ergebnis abziele, intentional – absichtsvoll sowie funktional – unbeabsichtigtes Einwirken von außen beinhalte ebenso wie Aspekte der Selbsterziehung. Im Gegensatz zu einer klassischen Auffassung von Erziehung, die als „professionell angeleitete Erzeugung von Fähigkeiten anderer" (Stenger 2015, S. 60) den Erziehenden in einer Vermittlerrolle mit festem Standpunkt belasse, geht Ursula Stenger einem phänomenologischen Bezug nach. „Erziehung, Erzieher und Zu-Erziehende erhalten ihre konkrete Gestalt erst in einem performativen, kreativen und auf dem Spiel stehenden Prozess" im Sinne eines „gemeinsamen Verständnisvollzugs" (Stenger 2015, S. 60). Erziehende

Fachkräfte können dabei als „VertreterInnen von Institutionen und Kulturen Pläne und Curricula durchsetzen, sich an gegebenen Werten orientieren oder sich selbst auch irritieren und berühren lassen" (Stenger 2015, S. 61). Ludwig Liegle (2014, S. 36) setzt hierfür zwei Faktoren zentral: Erziehung sei ein „interpersonelles/soziales Geschehen" in einem geschichtlichen Zusammenhang, welches in Beziehungen angelegt und damit kommunikativ verfasst sei.

Zugleich verweise Erziehung auf ein „drittes", außerhalb liegendes „Thema" und ihre Aufgabe sei, „das Individuum zur Handlungsfähigkeit in seiner Umwelt gelangen zu lassen und die Fortsetzung bzw. Erneuerung von Gesellschaft und Kultur in der Generationenfolge zu gewährleisten" (Liegle 2014, S. 35). In Kurzform beschreibe Erziehung damit eine vermittelnde Tätigkeit, die nur dann gelinge, wenn sie „auf die Bereitschaft und Fähigkeit" der zu erziehenden Person „trifft, sich die Sache, um die es geht, anzueignen" (Liegle 2014, S. 35).[2] Diese vermittelnde Tätigkeit sieht auch Ulrich Wehner. Mit Bezug zu einem kulturtheoretischen Paradigma gewährleiste Erziehung kulturelle Kontinuität über den Modus des „Zeigens und Aneignens" und ist damit vermittelnde Tätigkeit, in einem Gefüge von Akteur:innen, charakterisiert als „bi-subjektive Tätigkeit" (Wehner 2019, S. 440). Aus dieser *ersten* Beobachtungsperspektive heraus können intentionale, funktionale sowie indirekte und direkte Formen des Zeigens unterschieden werden. Alle gehen einher mit Formen des Übens, Lernens und Lehrens, wobei „Erziehende ihre Aktivitäten des Zeigens situativ an den Aneignungstätigkeiten von Kindern ausrichten" müssen (Wehner 2019, S. 441). Aus einer *zweiten* Beobachtung über Erziehung heraus zeigt sich eine asymmetrische Sorgestruktur, die mit dem „Moment der Natalität" und emotionalem Bezug einhergeht (Wehner 2019, S. 441). „‚Sorge' bezeichnet hier kein bedrücktes Erleben, sondern die nicht gleichgültige, strebende Grundausrichtung jedweden Erlebens. Als leiblich-selbsttätiges ‚In-der-Welt-Sein' erfährt sich menschliches Dasein als ein Bestrebt-Sein (Sorge) in eigentümlicher Verbundenheit mit Welt für seine eigenen Weltbezüge aufzukommen" (Wehner 2019, S. 442). Erziehung kann so als Antwort auf Siegfried Bernfelds (Bernfeld 2005, S. 51) Überlegungen zu Erziehung als gesellschaftlicher Reaktion auf die Entwicklungstatsache verstanden werden und ist eine moralische Verpflichtung (Wehner 2019, S. 443), die gleichzeitig Moral kommuniziert (Oelkers 2001). Die Verhältnisbestimmung von Zeige- und Sorgeperspektive hält Ulrich Wehner (2019, S. 443) fest: „Als Ausdruck existenzieller Sorge kann Erziehung auch alle Momente der Zeigeperspektive thematisieren" – nicht umgekehrt. Mit einer solchen Setzung scheint der Be-

---

2   Neuere Ansätze postulieren darüber hinaus, dass sich Erziehung als kommunikatives Geschehen auch fern der hierarchischen generationalen Ordnung ereigne, indem Kinder Eltern oder andere Kinder erziehen (Liegle 2014, S. 36). Dieser Aspekt sei hier aufgrund des Fokus der Expertise und der Auseinandersetzung mit juristischer Rahmung von institutionalisierter Erziehung, Bildung und Betreuung lediglich erwähnt.

griff Erziehung letztlich unauflösbar verbunden mit einer Betreuungsperspektive im Sinne von ‚Care' (Kapitel 3.2). Mit Bezug zum Bildungsbegriff plädiert Ulrich Wehner für eine „frühkindlich bildende Erziehung" in der Perspektive einer „generationellen Pädagogik" als „Pendant zur Individualpädagogik" und markiert damit Erziehung als eine überpersonale Aufgabe (ebd., S. 446). Eine solche „reflexionsorientierte" Erziehung sei demnach nicht bloß als Voraussetzung für Bildung zu verstehen, sondern suche „lebensaltersensibel und kontextgebunden nach angemessenen Antworten auf kindliches Streben in und nach Prozessen der Selbstorganisation" (ebd.).

3.2.5 Zwischenfazit

Zusammenfassend kann festgehalten werden, dass eine eindeutige Definition von Erziehung nicht vorliegt (König/Stenger/Weltzien 2013, S. 12). Es kann nur darum gehen, zu fragen, auf welche Probleme Erziehung zu antworten versucht (Ricken 2000). Der Erziehungsbegriff ist aus dieser Sicht „kein Gegenstandsbegriff, sondern ein Beobachtungsbegriff, mit dem nicht ‚etwas' bezeichnet, sondern eine spezifische Perspektive markiert" (Ricken 2000, S. 217) wird, Beobachtungen, „die mannigfaltige Ereignisse und Tätigkeiten als Erziehung klassifizieren" (Wehner 2019, S. 435). Sie lassen sich in grundlagentheoretische Annäherungen, handlungstheoretische Dimensionierungen und eingelagerte normative Bestimmungen fassen, die es durchaus zu kritisieren gilt (ausführlicher hierzu Wehner 2019). Ulrich Wehner (2019, S. 439) fordert dementsprechend die konsequente Unterscheidung von Erziehung hinsichtlich einer theoretischen und praktischen Pädagogik.

Anders als beim Betreuungsbegriff scheinen zumindest nicht offenkundig heteronormative Tendenzen sichtbar und dennoch kaum klare Grenzziehungen zwischen den Begriffen möglich. Wie bereits unter dem Betreuungsbegriff diskutiert und hier herausgearbeitet, korrespondiert Erziehung als „zeigeorientiertes" pädagogisches Handeln eng mit Betreuung (Wehner 2021), da Erziehung über Beziehungsorientierung realisiert und letztlich auch von Sorge getragen scheint (Kapitel 3.1.1).

Doch auch der Versuch, über Erziehung die diskutierte pädagogische Trias – Bildung, Betreuung und Erziehung – feiner und differenzierter zu betrachten, zeigt in vielerlei Hinsicht, in welcher Form die mit den Begriffen markierten Praktiken und Intentionen miteinander verknüpft sind. Sie verweisen im Sinne einer Matrix auf verschiedene Bezugsunkte, Akteur:innen/Rollen, Perspektiven und Zusammenhänge, die auf das Werden der Menschen abzielen, jedoch letztlich im Begriff Bildung an Komplexität gewinnen, welche sich auch über eine Reflexionsorientierung entfaltet. Zudem, darauf weisen die Beobachtungen hin, wird ein Erziehungsdiskurs in der Kindheitspädagogik vordergründig zugunsten eines Bildungsdiskurses und einer Ausrichtung auf Lernen thematisiert (Frost 2021, S. 37).

4 Bildung[3]

Ausgehend von den bisherigen Überlegungen zu Betreuung und Erziehung wird nachfolgend der Begriff Bildung betrachtet. Um der Komplexität der mit den Begriffen verbundenen theoretischen Diskussionen umfassend zu entsprechen, müsste rahmend der Begriff der Sozialisation, ergänzend vielleicht auch die Begriffe Lernen und Entwicklung, diskutiert werden. Hierauf wird u. a. aus platzökonomischen Gründen verzichtet. Lediglich wird im fünften und sechsten Kapitel auf die Notwendigkeit einer weiteren begrifflichen Schärfung eingegangen, auch um Differenzen zwischen den Begriffen zu markieren.

Bildung wird ganz unterschiedlich verstanden. Neben bildungstheoretischen Begriffsklärungen oder davon inspirierten Beobachtungen des Bildungssystems können pragmatisch, politisch und konzeptionell motivierte Sichtweisen, curricular, programmatisch und didaktisch ausgerichtete Verständnisse sowie empirische und handlungspraktische Konzeptualisierungen und Ansätze unterschieden werden. Im Weiteren wird „Bildung" aus einer vornehmlich erziehungswissenschaftlichen Perspektive betrachtet, um anschließend Diskurse im Feld der FBBE aufzugreifen. Damit sind Verhältnisbestimmungen verbunden, auch zu den schon erwähnten Begriffen, und es wird auf aktuelle Diskurse verwiesen, ohne den Anspruch, abschließende Klärungen vornehmen zu können.

4.1 Bildung verstehen – Hinweise

Die Idee der Bildung findet sich bereits in der altgriechischen Philosophie, in Texten des Hoch- und Spätmittelalters ebenso wie der Aufklärung, des Neuhumanismus und der frühen Kapitalismuskritik (Benner/Brüggen 2004). Die Annahme, dass der Mensch zu Beginn seiner Entwicklung noch „unausgestattet" (askometon) sei, seine Körperlichkeit und Seele sich zwar natürlich entwickelt, nicht jedoch seine zweite, gesellschaftliche „Natur", die Denk- und Vernunftseele, begründet die frühe Vorstellung von Erziehung, Bildung und Bildsamkeit als „paideia".

---

3 Die Auseinandersetzung mit Bildung in diesem Kapitel schließt an umfängliche, partiell bereits publizierte Vorarbeiten der Autor:innen an. Die Ausführungen in Abschnitt 4.1 basieren auf einem bereits publizierten Beitrag (Thole 2013) und der Abschnitt 4.2 greift noch nicht veröffentlichte Vorarbeiten von Ina Kaul auf. Die im anschließenden Abschnitt vorgetragenen zusammenfassenden Überlegungen schließen zwar ebenfalls an diverse Vorarbeiten (u. a. Thole 2013) an, versuchen jedoch die unterschiedlichen Zugänge für diese Expertise neu zu rahmen und eine diskutierbare Fassung von Bildung zu konzipieren.

4.1.1 Erziehungswissenschaftliche Sichtweisen

Der Begriff „Bildung" erfuhr und erfährt derart vielfältige semantische Fassungen, die zu anderen Begriffen nicht immer präzise abgegrenzt werden können (u. a Ehrenspeck 2004, S. 66; Kron 2009; Zirfas 2011). Alfred Langewand (1994) schlägt bspw. eine Unterscheidung zwischen sachlichen, temporären, sozialen, wissenschaftlichen und autobiografischen Aspekten von Bildung vor. Die Inhalte sowie die Gehalte von Bildung werden unter der sachlichen Dimension subsumiert, die individuelle wie die soziale und gesellschaftliche Geschichte von Bildungsprozessen werden als temporäre Dimension gefasst. Das Problem der Herstellung von Zustimmung sowie die Aushandlungsprozesse bezüglich der Verbindlichkeit und Gültigkeit von Normen und moralischen Ideen, also auch Fragen des Stellenwerts der generationalen Ordnung für Bildungsprozesse, beinhaltet die soziale Dimension. Zudem wird zwischen der praktischen Reflexion von Bildungsprozessen und der wissenschaftlichen Erforschung wie deren theoretischer Präzisierung differenziert. Die autobiografische Dimension versucht die Unterschiedlichkeit zwischen gesellschaftlich sich entwickelnden kulturellen Mustern, den Beschreibungen des eigenen Lebens und der individuellen Bildungskarriere zu verknüpfen. Andere Perspektiven (u. a. Ehrenspeck 2004, S. 68; Lenzen 1997) markieren Bildung in folgender Weise:

- „Individueller Bestand" (erworbenes Wissen und gegebene Teilhabemöglichkeiten an Bildungsgütern),
- „Individuelles Vermögen" (subjektiv verfügbare Kompetenzen, Bildung anzueignen),
- „Individueller Prozess" (Dynamik des Erwerbs und der lebenslangen Bedeutung der Aneignung von Bildung),
- „Individuelle Selbstüberschreitung" (Entwicklungsprozess der Menschheit, Potenzialität),
- „Aktivität bildender Institutionen oder Personen" (Bildung als ein Prozess von bildbaren Institutionen).

Diese Dimensionierungen verweisen auf den schon genannten Umstand, dass eine allgemein gültige, von unterschiedlichen theoretischen Perspektiven getragene Bestimmung von Bildung nicht vorliegt, sondern dass die „Thematisierung [von] […] Bildung [...] eine Vielzahl verschiedener Spielarten kennt" (Rieger-Ladich 2020, S. 180). In den erwähnten Auseinandersetzungen wird übereinstimmend in unterschiedlicher Nuancierung argumentiert, Bildung beinhalte, über gelungene Formen der Selbstverortung, der Welterkenntnis und über Reflexivität und Fähigkeiten zu verfügen, Traditionen und soziale und kulturelle Überlieferungen anzufragen und hinsichtlich ihrer gegenwärtigen Relevanz für das eigene Leben betrachten zu können.

Vergleicht man die in den Diskussionen herausgestellten inhaltlich-struktu-rellen Aspekte von Bildung, kann mit Blick auf theoretische Fassungen zwischen einer formalen, einer materialen und einer kategorialen Idee und Konzeption von Bildung unterschieden werden (Klafki 2007):

- Die Idee einer formalen Bildung versteht die gesellschaftlich vorgehaltenen Wissenskontexte als Ressourcen für die Entwicklung von Praxen der subjek-tiven Aneignung von u. a. Kompetenzen und Qualifikationen. Sie bezieht sich verkürzt auf die Erlangung von formalen Abschlüssen und Zertifikaten. Doch auch wenn gegenüber einer derartigen Verkürzung Distanz besteht, re-duziert eine so konzipierte Fassung Bildung auf das Wissen und Können, das gesellschaftlich anerkannt und legitimiert ist.
- Gegenüber dieser Konzeption beschreibt eine materiale Idee von Bildung präzise die Inhalte und Wissensbereiche eines mehr oder weniger eindeutig kanonisierten Fundus von Wissen, welche von den Subjekten im Verlauf ih-rer Bildungsbiografie anzueignen sind. Bildungstheorien, so wird kritisch formuliert, stimmen darin überein, „dass sie zwischen den gesellschaftlichen Anforderungen an die pädagogische Praxis […] und der pädagogischen Pra-xis eine teleologische Verhältnisbestimmung konstruieren und der pädago-gischen Praxis die Aufgabe zuweisen, die Heranwachsenden im Sinne vorge-gebener gesellschaftlicher Anforderungen zu handlungsfähigen Mitgliedern der Gesellschaft zu machen" (Benner 1987, S. 126).
- Eine kategoriale Bildung wiederum meint eine Dialektik zwischen Ich und Welt, zwischen Wissensaneignung und der Kritik an den Inhalten sowie zwi-schen Wissen und Können. Um entsprechende, in diesem Sinne als dialek-tisch beschriebene Bildungsprozesse anregen zu können, bedarf es allerdings einer „relativen Selbstständigkeit pädagogischer Institutionen", denn nur dann, „in einer gewissen Distanz zu ökonomischen und gesellschaftlichen Verhältnissen", kann Bildung „Aufklärungsprozesse anregen, kritisches Be-wusstsein […] vermitteln und Perspektiven der Veränderung […] eröffnen" (Klafki/Braun 2007, S. 73). Im Kontrast zu einer formalen bzw. materialen Idee von Bildung wollen kategoriale Überlegungen eine nicht affirmative Konzeption respektive Theorie von Bildung (Benner/Brüggen 2004; Klafki/Braun 2007; Zirfas 2011) entwerfen. Modelle von Bildung, die einzig darauf orientieren, die gegebene Gesellschaft und das in dieser vorrätig gehaltene Wissen zu reproduzieren, können demnach als „Halbbildung" verstanden werden (Adorno 1973; Sünker 2010).

4.1.2 Bildung und Habitus, Herstellung von Distanz und Transformation sowie Überlegungen zu nachhaltiger Bildung

Eine kritische Fassung von Bildung erkennt diese als Antipoden zur bürgerlich-kapitalistischen Gesellschaft an. Hierüber sei es möglich, so wird argumentiert, die Herrschaftsförmigkeit von Bildung als ein Problem der Okkupation von Wissen zur Stabilisierung und Legitimierung machtvoller und ungerechter gesellschaftlicher Strukturen zu erkennen und zu thematisieren. In einer solchen Modellierung der Bildungsidee verliert sich die Ambiguität zwischen Gesellschaft und Individuum, und „ihre klassengeschichtliche Zerrissenheit" wird überwunden (Heydorn 1995, S. 293; Sünker 2010). Ungleichheitssensible und modernisierungstheoretische Entwürfe vertiefen diese Idee von Bildung kritischer Provenienz empirisch über die Analyse, dass Bildungs- und Sozialsysteme die Reproduktion der gesellschaftlichen Kräfteverhältnisse strukturell wie symbolisch fundieren.

Bildung und Habitus: Der Habitus (Koring 1990) wird als die Aufschichtung der erlebten gesellschaftlichen Verhältnisse, als die Inkorporierung von Wissen und Erfahrungen, Wahrnehmungen, Sicht- und Denkweisen, Handlungs-, Urteils- und Bewertungsschemata der eigenen sozialen Positionierung entworfen (Bourdieu 1985, S. 1987). Im Habitus manifestieren sich unbewusst die subjektiv angeeigneten gesellschaftlichen Strukturen, gesellschaftlich gerahmten Formen des Denkens, Urteilens und Handelns. Demnach ist Habitus ein in den Körper eingeschriebenes „Curriculum […], das weitgehend die kulturellen und symbolischen Praktiken der herrschenden Klasse präferiert" (Miller 1989, S. 198). Der Habitus bildet sich demnach über die jeweils vorhandenen und den Akteur:innen zur Verfügung stehenden Potenziale, ökonomisches, kulturelles und soziales Kapital zu aktivieren, heraus. Er reproduziert so gesellschaftliche Strukturen über die Praktiken, die mit ihm habitualisiert werden.

Bildungstheoretisch scheint u. a. dem kulturellen Kapital eine besondere Aufmerksamkeit zuzukommen. Dieses unterscheidet Pierre Bourdieu (1985) nochmals nach inkorporiertem, objektiviertem und institutionalisiertem kulturellen Kapital. Mit inkorporiertem Kulturkapital ist das gemeint, was langfristig in Erziehungs- und Bildungseinrichtungen sowie innerhalb der Familie als Wissen (Bildung) erworben wird. Objektiviertes Kulturkapital beschreibt den Besitz von kulturellen, ästhetischen, musikalischen und literarischen Gütern. Es gewinnt allerdings erst im Zusammenhang mit dem inkorporierten Kulturkapital Bedeutsamkeit, da der Gebrauch der Objekte Bildung im Sinne eines Wissens über diese voraussetzt. Institutionalisiertes Kulturkapital meint Titel und Bildungspatente, die dauerhafte Gültigkeit, damit einen gesellschaftlich und rechtlich anerkannten Wert besitzen. Unter soziales Kapital fasst Pierre Bourdieu die „Ressourcen, die auf der Zugehörigkeit zu einer Gruppe beruhen" (Burzan 2011, S. 126), also soziale Netzwerke und Beziehungen, die, um bestimmte Ziele zu erreichen, Erfolg verheißen. Die Position, die ein:e Akteur:in in der Gesellschaft einnimmt, ist demnach nicht nur abhängig von dem zur Verfügung stehenden ökonomischen Kapital, sondern auch von dem verfügbaren kulturellen und sozialen Kapital und den zeitlichen Faktoren, das kulturelle und soziale Kapital zu nutzen (Krais/ Gebauer 2002).

Bildung als Transformation: Der Erwerb von Bildung wie die Herausbildung eines Habitus stellen in modernen Gesellschaften kein zu einem bestimmten Zeitpunkt angefangenes oder abgeschlossenes Projekt dar. Die Herstellung und Formung von Subjektivität und Akteur:innenschaft, Wissenserwerb sowie die Entwicklung von Handlungs- und Deutungsschemata erfolgen historisch und abhängig von den erlebten familialen, organisationalen und soziokulturellen Milieus und Strukturierungen. Sie sind jedoch auch nicht vollständig durch diese determiniert, sondern lebenslang gestaltbar. Bildung wie Habitus sind Resultate eines lebenslangen Prozesses innerhalb gesellschaftlicher Zusammenhänge, Inbezugsetzungen auf die schon existenten „Welten" und deren Reproduktion. Die Aneignung der schon existenten „Welten" durch die Akteur:innen als „eigene Welt" ermöglicht die Herstellung neuer sozialer Praxen. Dies wiederum eröffnet die Herstellung von Subjektivität über Anerkennung dieser sozialen Praxen. Bildung ist somit unabgeschlossen, kein einmal erworbenes und in die Körper eingeschriebenes Ergebnis vergangener und bewältigter Prozesse, sondern dieser Prozess selbst. Bildung ermöglicht, den Akteur:innen, „an ihren Selbst- und Weltverhältnissen selbst mitzuwirken" (Wulf/Zirfas 2007, S. 11), mündig und reflexiv diese Verhältnisse kritisch zu kommentieren.

Werden Bildungsprozesse nur dann als gegeben angenommen, wenn es sich um „eine Veränderung von Grundfiguren von Welt- und Selbstverhältnissen handelt" (Kokemohr 2014, S. 20), wird es kompliziert. Diese Bestimmung schließt das Wissen um den Vollzug eines Bildungsprozesses ein, also die Reflexion der erkenntnisgenerierenden Transformation. Wird darauf verzichtet, lediglich dann von Bildungsprozessen zu sprechen, wenn diese bewusst wahrgenommen werden, verwässert dies Unterscheidungen zwischen Bildung und Lernen. Es ist auch dann von der Verwirklichung eines Bildungsprozesses auszugehen, wenn die Perspektiven auf das Soziale, das Selbst und die Welt über Erkenntnisse und Erfahrungen erweitert werden und neue Sichtweisen grundieren, ohne dass die erkenntnisleitenden Grundfiguren sich direkt sichtbar transformieren. Kritisch zu bewerten ist eine ausschließliche Anerkennung der Realisierung von Bildungsprozessen, wenn die Subjekte als Akteur:innen um den Vorgang des Erwerbs von Erkenntnissen wissen, also den Bildungsprozess selbst als einen solchen markieren und reflektieren. Dies votiere dafür, von Bildung nur noch dann zu sprechen, wenn autonome Subjekte sich selbst und der Welt gegenüber reflexiv zu verhalten wissen – sich also als handlungsmächtige Akteur:innen positionieren. Im Kontrast zu dieser, die Grenzen und Möglichkeiten von Bildung und Bildungsprozessen herausstellenden Diskussion ist in den öffentlichen wie auch in den (politisch inspirierten) wissenschaftlichen Debatten eine konturenärmere Fassung der Begriffe Bildung und Lernen wahrzunehmen.

Erweiterte Idee von Bildung: Bildungsprozesse (auch Rieger-Ladich 2020) finden unter konkret erfahrbaren, allgemeinen gesellschaftlichen, kulturellen und sozialen Bedingungen der jeweiligen Zeit statt. Subjekte sind eingebunden in die Modalitäten der erlebten Gegenwart wie zugleich deren Gestalter:innen. Bildung fordert und meint, sich mit den Gegebenheiten der sozialen, politischen und ökologischen Welt sowie mit sich selbst in der Vergangenheit und Gegenwart auseinanderzusetzen, um Möglichkeiten zu generieren, Zukunft zu denken und zu gestalten. Bildung wäre so verstanden nicht auf kognitive Prozesse zu reduzieren. Sie hätte das Subjekt in seiner gesamten Leiblichkeit und seine sinnlichästhetischen, körperlich-leiblichen, kulturellen, sozialen wie psychischen Fähigkeiten zu sehen. Angesichts der Gefährdungen des Planeten und der von Menschen produzierten Risiken, die auf eine Idee von Bildung rekurrieren, welche nicht nur auf Welterkenntnis, sondern auf Weltbeherrschung orientiert, bedarf es einer aufgeklärten, aktualisierten Idee von Bildung. Dies impliziert, dass dem Subjekt nicht nur sensibel Verantwortung für sich selbst und andere Menschen, sondern auch für die „nicht-menschliche" Welt zukommt. Eine so verstandene Bildung versucht, historisch-kulturelle, lokal-regionale und nationale wie globale Aspekte und Veränderungen aufzugreifen und zu thematisieren sowie anzuerkennen, „dass wir nicht nur Bürger eines Landes und der Europäischen Union, sondern auch Bürger der Weltgesellschaft sind" (Wulf 2020, S. 8; auch Kapitel 4.2.8 und 5).

4.1.3 Zwischenfazit

Ideen von Bildung werden je nach disziplinären Orientierungen, institutionellen Zusammenhängen sowie nicht zuletzt ethischen und politischen Aspirationen unterschiedlich entworfen. Bedeutsam ist, dass der Idee von Bildung immer auch ein normatives Moment innewohnt und vielfältige „Spielarten" und Nuancierungen das Begriffsverständnis in unterschiedliche Richtungen ausformulieren. Der bereits erwähnte bildungspolitische, mit Ökonomisierungslogiken einhergehende Turn im Zuge der Nach-PISA-Debatten und des Bologna-Prozesses verweist zudem darauf, dass die Realisierung und Ermöglichung von Bildung immer auch Aufgabe von Institutionen ist. Daher werden auch die Institutionen in besonderem Maße von diesen Logiken tangiert. Ziel von institutioneller, formal wie nonformal organisierter Bildung ist, Subjekten Räume zu bieten, die ermöglichen, neue Sichtweisen auf die Welt, das Selbst und die interpersonalen Beziehungen zu erfahren und zudem neue Handlungsfähigkeiten zu generieren. Bildung gekonnt und souverän zu artikulieren, bedeutet auch, um die damit verbundenen Formen der Reproduktion von Ungleichheits- und Machtverhältnissen zu wissen sowie diese kritisch reflektieren zu vermögen. Bildung bedeutet letztendlich auch, dass Noch-nicht-Wirkliche denken zu können und eine Idee von dem noch nach Verwirklichung Strebenden zu haben.

4.2 Aktuelle Thematisierungen von Bildung im Feld der Pädagogik der Kindheit

Auf die beschriebene differente Verwendung von Begriffen weist u. a. auch Ulf Sauerbrey (2020) hin. In Bezug auf die gegenwärtige Theoriebildung in der Pädagogik der Kindheit schlägt er vor, auf der einen Seite zwischen a) „phänomenologischen Beschreibungstheorien" (u. a. Stenger 2015, Stieve 2013), die – grob gefasst unmittelbar gegebene Erscheinungen bzw. Phänomene untersuchen – und b) „kritisch motivierten Instituetik-Theorien" (u. a. Honig 2015) zu unterscheiden, die, vereinfacht ausgedrückt, die Kindheitspädagogik im Kontext von Institutionalisierungen betrachten, ohne pädagogisch-didaktische Dimensionen auszuklammern. Auf der anderen Seite sei zwischen c) „Programmatiken-Theorien", die vor allem frühpädagogische Ansätze als Theorien fassen, und d) „Sein und Sollen zugleich-Theorien" (Sauerbrey 2020, S. 40) zu unterscheiden. Insbesondere in Bezug auf Letztere sieht er eine undifferenzierte Verkopplung von normativen Vorstellungen mit einer immer schon als gelungen angenommenen pädagogischen Praxis (ebd., S. 40 ff.). Programmatische Theorievorstellungen würden nicht zwischen Theorien, Konzepten und Methoden unterscheiden. „Sein und Sollen zugleich-Theorien" meinen u. a., „Ideen für eine ‚gute' Pädagogik" ableiten zu können, wobei den phänomenologischen Ideen starke Anthropologisierungen von Kindern und Kindsein anhängen (Brinkmann 2019, S. 153).

Die frühpädagogischen Debatten um Bildung der letzten 25 Jahre waren weniger bildungstheoretisch und primär bildungs- (und sozial-)politisch motiviert. Sie ist wesentlich von dem Versuch geprägt, den gesellschaftlichen Stellenwert von Kindertageseinrichtungen über einen eigenständigen Bildungsauftrag zu stärken und diese als zentralen Teil des Bildungssystems zu verstehen. Zugleich erhöht sich der Druck, „bewusst Lern- und Bildungsprozesse der Kinder in den Mittelpunkt der pädagogischen Arbeit zu stellen" (König 2007, S. 1), auch um diese Intention über die Praxis in Kindertageseinrichtung zu verdeutlichen. Die seit Beginn der 2000er Jahre bildungspolitisch motivierte Aufladung schlug sich u. a. in der Implementierung länderspezifischer Bildungspläne für den Elementarbereich nieder (vgl. hierzu auch die Ausführungen in Kapitel 6). Die Debatten beispielsweise um eine verstärkte Zusammenarbeit von Kindertagesbetreuung und Schule (vgl. Griebel/Niesel 2021), um Prävention (von Gewalt, Folgen sozialer Ungleichheiten u. v. m), um eine Qualifizierung der Zusammenarbeit mit

Eltern (vgl. Betz 2015), um Interaktionsqualität (Egert/Dederer 2018), um sprachliche (Egert/Hopf 2018) und an Bildungsbereichen orientierte auch inklusiv gestaltete Förderung der Kinder (Zehbe 2021; Krähnert 2020) sowie um die individuelle Begleitung der Bildungsprozesse der Kinder durch Beobachtung und Dokumentation (Viernickel/Völkel 2022; Cloos/Schulz 2011) tragen wesentlich dazu bei, *Konzepte von Bildung* in Forschung und Fachpraxis zu verändern. Diese werden vornehmlich über Vorstellungen von gelingender Förderung der Kinder entworfen.

In den letzten Jahren ist jedoch eine erhebliche Ausdifferenzierung des frühpädagogischen, auf Bildung rekurrierenden Diskurses festzustellen: Im Rahmen von *Beobachtungen des Bildungssystems* werden nicht nur Fragen der frühpädagogischen Neukonturierung von Bildung und (Kompetenz-)Förderung und die damit einhergehenden Professionalisierungsfolgen (Neumann 2014) diskutiert. Dies geht einher mit dem verlängerten Aufwachsen von Kindern in Institutionen, den Veränderungen hin zu Bildungskindheiten (Jergus/Thompson 2017) oder Fragen des Sozialraums. Auch sind verstärkte Bemühungen zu erkennen, eine *bildungstheoretische Debatte* im Diskurs der Pädagogik der Kindheit zu verankern und diese wieder ins Verhältnis zu Begriffen wie Betreuung (Bilgi/Sauerbrey/Stenger 2021a) und Erziehung als responsive, dialogische und advokatorische (Für-)Sorge (Wehner 2021) zu setzen. Weiterhin finden sich Beiträge, die Bildung aus einer erziehungswissenschaftlich grundierten, theoretischen Sicht entwerfen. Andere Beiträge gehen eher Fragen der praktischen Umsetz- und Machbarkeit von „Bildung" nach. Die verschiedenen Zugänge und Positionen sind dabei standortgebunden zu reflektieren, da sie zuweilen das Kind als Subjekt, die organisationale Rahmung oder gesellschaftspolitische Erwartungen, die an institutionelles Aufwachsen gerichtet sind, oder auch pädagogische Ermöglichungen von Bildung ins Zentrum stellen. Die nachfolgenden Ausführungen versuchen, Einblick in diesen „Diskursdschungel" zu geben, ohne den Anspruch zu erheben, alle Vorschläge, Überlegungen, Ideen und Konzepte, die unter der Überschrift „Bildung" vorliegen, zu referieren und in systematisierender Absicht zu diskutieren.

4.2.1 Allgemeine bildungstheoretische Ansätze in der Kindheitspädagogik

In der Bildungsdebatte der Pädagogik der Kindheit wird ab den 2000er Jahren zunächst auf unterschiedliche Ansätze von Bildung rekurriert, die – vereinfacht formuliert – zwischen Selbstbildung oder Bildung als Ko-Konstruktion meinen unterscheiden zu können – oder zu müssen. Diese Ansätze, die in der Nach-PISA-Debatte vorerst verstärkt diametral zueinander diskutiert wurden, basieren *einerseits* auf einer eher zurückhaltenden Position der Erwachsenen und proklamieren die Bedeutung der Eigenaktivität des Kindes (Liegle 2002; Schäfer 2002; Schäfer 2011). *Andererseits*, im Sinne einer ko-konstruktivistischen Perspektive, seien Austauschprozesse zentral für Lernen und Bildung. Hier wird von der engen Verbindung des Menschen zu seinen Mitmenschen und der gemeinsamen Aktivität von Kind(ergruppen) und Erwachsenen im Bildungsprozess ausgegangen (Fthenakis 2006), woraus an kindlicher Kompetenzentwicklung orientierte Bildungsziele abgeleitet werden (König 2007). Gemeinsam ist diesen Ansätzen, dass sie das Kind als kompetent und aktiv konstruieren, das mit umfangreichen Begabungen und Potenzialen ausgestattet ist (Pramling Samuelsson/Asplund Carlsson 2007). Zugleich wird hier die hohe Bedeutung erstens des Spiels als besonderer Ausdruck des Kindes, der Welt zu begegnen, und die Bedeutung von sicheren Bindungsbeziehungen (Ahnert 2007) für die Ermöglichung von Bildung betont.

Selbstbildungsansätze heben dabei die Besonderheit kindlicher Bedürfnisse, Interessen und Lerndispositionen über entwicklungspsychologische Annahmen der Welterschließung hervor. Vorgetragen wird in diesem Modell von Bildung, dass Kinder sich bilden, indem sie „Verfahren der Umwandlung körperlich-sinnlicher Erfahrung in gedachte Erfahrung entwickeln, Verfahren also, wie man aus Wahrnehmen Denken macht" (Schäfer 2002, S. 79). Im Vordergrund stehen demnach in den ersten Lebensjahren die Bildung aller Sinne, von Imagination, Phantasie und szenischem Spiel sowie die Bildung einer symbolischen Welt, insbesondere einer Sprachwelt (Schäfer 2005) in Verknüpfung mit und durch zwischenmenschliche Beziehungen. Ab dem dritten Lebensjahr würde die ästhetische Bildung, Sprachen und kulturelle Praktiken sowie die Welt der Natur stärker in den Vordergrund treten. Frühkindliche Bildungsprozesse seien „in stärkerem Maße als in den späteren Lebensphasen von der Sinnestätigkeit und Leiblichkeit bestimmt" (Liegle 2002, S. 62). Autopoesis und der Unmöglichkeit direkter Steuerung werden dabei eine Schlüsselstellung zugesprochen (Liegle 2013). Ein implizites, zufälliges und beiläufiges Lernen in körperlich-praktischen Vollzügen, in sinnlichen Erfahrungen sowie durch Wiederholung und Übung (Schulz 2016, S. 319) wird primär gesetzt. Die Grenzen zu dem, was sich aus sozialwissenschaftlicher Sicht auch als Sozialisation oder aus psychologischer Sicht als Entwicklung beschreiben lässt, verschwimmen – auch weil die Frage nach der konkreten empirischen Erforschung dieser Prozesse weniger klar ist, als diese Beschreibungen nahelegen. Zugleich werden Fragen sozialer Ungleichheit weitgehend ausgeklammert. Nicht immer trennscharf dazu stehen Ansätze der Ko-Konstruktion (dazu auch König 2007).

Bildung als Ko-Konstruktion fokussiert dabei stärker (Fthenakis 2006; Kunze/Gisbert 2007) die enge Verflechtung des Kindes mit seiner Lebenswelt und die gemeinsame Bildungsarbeit, die sich über Interaktion und zwischenmenschliche Austauschprozesse herstellt. Die Verantwortung der Erwachsenen wird betont, in Interaktionsprozessen mit Kindern über spezifische Verfahren (Sustained Shared Thinking, Scaffolding, Metakognition) in erweiterten pädagogischen Settings (Lernwerkstätten, Projekte, begleitetes Freispiel, …) Bildung zu gestalten.

Fähigkeiten sollen kindzentriert und mit hoher Qualität gefördert werden. Dabei soll bestimmten Bildungszielen innerhalb spezifischer Bildungsbereiche gefolgt werden (Fthenakis 2006). Durchaus kritisch wird diskutiert, inwiefern eine ausschließlich bildungspolitische Kompetenzorientierung – befördert u. a. durch Perspektiven der empirischen Bildungsforschung – das Aufwachsen von Kindern auf die Herausbildung von „Humankapital" engführt (Lange 2013) und Effektivierungstendenzen unterliegt, die der Idee einer eher ökonomisch orientierten Bildungsinvestition folgt. Individuelle Förderung, Abbau von sozialen Ungleichheiten sowie Prävention sind dann Perspektiven, die hierüber möglicherweise eindimensional verhandelt werden.

Für beide Ansätze gilt, dass Erziehung und Bildung zentrale und tief miteinander verflochtene Dimensionen pädagogischen Handelns sind (Schelle 2015), als zwei Seiten einer Medaille charakterisiert werden (Laewen/Andres 2005), sich Erziehung als Aufforderung zu Bildung darstellt (Liegle 2013) und über pädagogische Interaktionen (z. B. Instruktion/Konstruktion) vollzieht (König 2009, 2021a).

In den letzten Jahren wurde im Kontrast zu den auf Selbstbildung und Ko-Konstruktion abzielenden Ansätzen ein *phänomenologischer Zugang* zu frühkindlichen Bildungsprozessen zunehmend häufiger eingebracht, der stärker die leiblichen, performativen und appellativen Dimensionen von Bildung thematisiert (Stieve 2013). Leib, Körperlichkeit und Ausdrucksvermögen, Aspekte, die über phänomenologische Zugänge im Zentrum stehen, würden andernorts vernachlässigt, so die Kritik. Kritisiert werden dabei bezogen auf institutionalisierte Bildungsbestrebungen Standardisierungs- und Normalisierungstendenzen, die Bildung „finalisieren" und an einer „gesellschaftlichen, meritokratischen Norm [...] [ausrichten] (Stichworte: Leistung, Kompetenz, Wettbewerb)" (Brinkmann 2019, S. 152). Gleichsam sei eine Anthropologisierung des Kindes und Kindseins kritisch zu reflektieren (Brinkmann 2019, S. 153).

Phänomenologische Zugänge plädieren dafür, sich pädagogischen Phänomenen über Beschreibungen anzunähern, eine Differenzierung von anderen, als nicht-pädagogisch anzusehenden Praxen wie bspw. ökonomischen zu differenzieren und „den Eigensinn kindlichen Erfahrens" sowie die Eigenlogik frühpädagogischen Handelns zu erfassen und zu bestimmen (Brinkmann 2019, S. 153). Bildung wird dann „weniger als Konstruktion denn als ein Antwortgeschehen beschreibbar" (Stieve 2013, S. 66), über welches sich das Kind gleichermaßen in Bezug zu sich selbst und zu einem Gegenüber (Gegenstand/Welt) setzt. Hierüber wird Reflexivität für ein pädagogisches Bildungsverständnis zentral: „als Differenz im eigenen Selbst, als Differenz zwischen den sich im Handeln vermittelnden Ordnungen und den Überschüssen der Phänomene der Lebenswelt und als Verzögerung, dem Spielraum zwischen dem, was an das Kind appelliert, und der Antwort, die es darauf finden kann" (ebd.). In diesem Verständnis wird „Anfänglichkeit" (Stieve 2019) als zentraler Bezugspunkt von früher Bildung gerahmt und in der Verwicklung von Geist und Leib, in der Differenz von Subjekt und Objekt, von Innen und Außen, von aktiv und passiv in Anschlag gebracht, in der dann nach Stenger (2019) Individualität und Sozialität des Menschen phänomenologisch aufeinander bezogen sind. Kindliche Lebenswelt, Erfahrungen in zeitlich-räumlicher Dimension mit- und zwischenmenschlichen Seins, Leiblichkeit, die Struktur leiblicher Erfahrungen sowie „die individuelle, soziale und kulturelle Struktur pädagogischer Erfahrung" (Brinkmann 2019, S. 156) sind auch für frühpädagogische Bildungsprozesse wahrzunehmen, zu gestalten und zu reflektieren.

4.2.2 Aktuelle frühpädagogische Diskurse im Kontext von Bildung

Im frühpädagogischen Diskurs ist zu beobachten, dass die zuvor dargestellten (vgl. Kapitel 4.1) allgemein gefassten bildungstheoretischen Überlegungen in den frühpädagogischen Diskussionen noch nicht vollständig aufgegriffen werden. Zum Teil sind diese dann stark anwendungsorientiert und didaktisierend konturiert. Exemplarisch sollen hierfür ohne den Anspruch auf Vollständigkeit einige zentrale Konzeptionen von Bildung referiert werden. Die Auswahl erfolgt entlang der Frage der Aktualität, mit Blick auf bildungspolitische Aspirationen und den fachlichen Diskurs. Leitend ist dabei zudem eine mögliche Kategorienbildung für die spätere Analyse der Ausführungsgesetze (Kapitel 6 und 9.2). Andere Zugänge, die spezifische Dimensionierungen von Bildung beispielsweise in Bezug auf Demokratie und Partizipation vornehmen oder sich noch deutlicher als beschrieben mit Fragen von Diversität und Inklusion auseinandersetzen, wären hier zu ergänzen.

Bildung als (Entwicklungs-)Förderung: Förderung wird in der frühpädagogischen Fachliteratur im Spannungsfeld von Angebots- und Situationsorientierung auf der einen Seite sowie zwischen allgemeiner und bereichsspezifischer Förderung auf der anderen Seite beschrieben (Kluczniok/Roßbach/Große 2010, S. 135). Es wird dafür plädiert, insgesamt eine „Balance" (ebd.) zu erzielen. Dabei ist auch zu entscheiden, wann Standardisierung und wann Individualisierung der Förderung notwendig und zielführend ist (Zehbe 2021, S. 215). Zu fragen ist, welche Normorientierungen mit dem jeweiligen Förderangebot verbunden sind (ebd., S. 13) und was warum mit welchem Ziel und vor dem Hintergrund welcher Vorstellungen von ‚normaler' Entwicklung gefördert werden soll (dazu auch Kelle 2010). (Individuelle) Förderung zeigt sich als Versuch, eine curriculare Brücke zwischen Kindertageseinrichtung und Schule zu spannen (Zehbe 2021, S. 27) und eine stärker an schulischen Bildungszielen ausgerichtete Förderung zu etablieren.

Im Anschluss an die PISA-Diskussion haben hier vermehrt angebotsorientierte und bereichsspezifische Programme Einzug ins Feld gehalten, die z. T.

auch kompensatorische Effekte in Bezug auf die Entwicklung kindlicher Kompetenzen nachweisen (Kratzmann 2018). In den letzten Jahren werden jedoch weniger stark formalisierte Trainings, sondern wird eine stärker an den Themen des Alltags und der Lebenswelt der Kinder anknüpfende, nicht abstrakte, sondern an konkreten Aufgabenstellungen orientierte, beiläufige und situationsgebundene, kindzentrierte und ressourcenorientierte Ausrichtung der Förderung favorisiert. Diese soll ebenso auf die Gestaltung von Lernumwelten setzen. Hier wird aber im Kontrast zu oben dargestellten Zugängen darauf fokussiert, eine sehr hohe Qualität der Förderungsprozesse zu erreichen und diese domänenspezifisch zu operationalisieren (Rank et al. 2018). Zentral für die allgemeine und bereichsspezifische Förderung scheint zudem eine hohe Interaktionsqualität zu sein (u. a. König 2009; Beckerle et al. 2018; Wildgruber et al. 2016; Hormann/Neugebauer/Koch 2021; Göbel/Cloos/Hormann 2021). Individualisierung, Flexibilisierung und Adaptivität sind zentrale Merkmale von Förderung, die auf den Teilprozessen Wahrnehmung, Beobachtung und Planung aufbauen (Mähler et al. 2022). Eine solche Konturierung von Förderung wird forschungsbasiert immer weiter ausdifferenziert und beispielsweise in Bezug auf Diagnosekompetenz (u. a. Dollinger 2013; Schäfers/Wegner 2020), Verstehenskompetenz und Differenzsensibilität (Prengel 2010; Heimlich 2013; Kuhn 2021) erweitert.

Kritisch wäre anzumerken, dass Konzepte der Förderung im Sinne einer Bildung von Kindern sich dann erheblich unterscheiden, wenn es um Kinder mit einer zugeschriebenen Behinderung geht (Zehbe/Cloos 2021). Katja Zehbe (2021) diskutiert in Bezug auf individuelle Förderung im Kontext von Inklusion, dass pädagogische Fachkräfte mit der Herausforderung konfrontiert sind, einem doppelten Auftrag gerecht zu werden: Auf der programmatischen Ebene sollen sie Kinder sowohl chancengleich und chancengerecht fördern – damit im Sinne von Prävention eine vertikale Ordnung von Kindern vornehmen – als auch inklusiv arbeiten – und somit eine horizontale Ordnung etablieren. Isabell Krähnert (2020) diskutiert ebenso das Spannungsfeld von Inklusion und Prävention. Während Ersteres auf egalitären Pluralismus und die Ebenbürtigkeit aller Differenz abhebe, würde Prävention einen vertikalen Pluralismus und eine hierarchische Ordnung von Pluralismus hervorbringen. Differenzen werden als potenzielle Defizite verdächtigt, denen dann nach Bröckling im Sinne eines „Präventionsdispositivs" (Kelle 2018, S. 87) mit einer „Entgrenzung der vorschulischen Diagnostik" (ebd., S. 88) auch „an der Schnittstelle von Gesundheitssystem, Kinder- und Jugendhilfe und Bildungssystem im Vorschulbereich" (ebd. S. 90) im frühen Kindesalter begegnet werden soll. Isabell Krähnert (2020) geht von einem „ausgeweiteten Scan des Kindes, der auch potenzielle Risiken und sog. Entwicklungsgefährdungen zunehmend aller Kinder (noch früher) zu identifizieren sucht und notwendig an Standards orientiert ist. In diese Standardisierung der präventionsorientierten Perspektive ist eine Vertikalisierung eingelassen, eine Hierarchisierung kindlicher Verfasstheiten – ob nun kompetenz-, gesundheits-

oder entwicklungsbezogen – der Inklusion im Sinne eines horizontalen Pluralismus widerspricht" (ebd., S. 188).

Bildung als Alltags- und Lebensbildung: Als Kontrast zu einer allgemeinen und bereichsspezifischen, stärker auf Angebote und schulische Bildungsziele ausgerichteten Bildung – und in Teilen kompatibel mit alltagsintegrierten Zugängen der Förderung – etabliert u. a. Thomas Rauschenbach (2011) den Begriff der „Alltagsbildung", der für Kindertageseinrichtungen anschlussfähig ist, da damit jegliche Welt- und Aneignungsprozesse im Alltäglichen adressiert werden. Wissen und Erfahrung transformieren sich nur im Zusammenspiel mit Bildung, bspw. indem neben einem theoretischen, wissensbasierten Blick auf die Welt auch biografisch und empirisch generierte Erfahrungen notwendig sind, um Bildungserlebnisse anzuregen. Dabei wird ein Spannungsfeld deutlich, welches sich auf die nicht vollständig geklärte Rolle von individuellen, familialen und außerschulischen Erfahrungen gegenüber inhaltsbezogenen Wissensbeständen bezieht. Informelle Bildungsprozesse (auch Schulz 2015, 2016) realisieren sich demnach in familialen und gleichaltrigen Strukturen und sind in den Alltag eingelagert. Sie bieten Lern- und Erfahrungsfelder, die das formal strukturierte Bildungssystem nicht vorhält oder aufgrund seiner selektiven Grundstruktur kaum vorhalten kann. Die Debatte um informelles Lernen in der Kindheit schwankt zwischen Naturalisierung im Sinne einer Anthropologie kindlichen Lernens und Kultivierung im Sinne eines veränderten Anspruchs, das Zusammenspiel von formaler, non-formaler und informeller Bildung an unterschiedlichen Bildungsorten und in Lernwelten (Schulz 2016) weiterzuentwickeln.

Als Lebensbildung konzipiert (Stieve 2019), wird mit Bezug auf Johann H. Pestalozzi hervorgehoben, dass das Leben bilde und bildend zu gestalten sei. Bildung geschehe im jungen Kindesalter beiläufig an alltäglichen Verrichtungen und mit Bezug auf Friedrich W. A. Fröbel über das Spiel als zentralen Zugang des Kindes zur Welt. Der Bildungsort Kindertageseinrichtungen sei in diesem Sinne als erweiterte Familie zu konzipieren, mit Paul Natorp als sozialer Prozess und als gesellschaftsbildende Sache der Gemeinschaft zu fassen. Bei der Konzipierung von Bildung seien die Bedeutung der alltäglichen Lebenswelten und der damit verbundenen (teils widersprüchlichen) Bewältigungsaufgaben mitzudenken und auf die Lebenssituation des Kindes hin zu orientieren (Situationsansatz) sowie eine Öffnung in den Sozialraum notwendig.

Bildung im sozialen Raum: In aktuellen frühpädagogischen Bildungsdebatten und im Anschluss an Bildung als Lebensbildung zeigt sich, dass sich Bildung nicht allein auf den Binnenraum der Kindertageseinrichtung beziehen kann. Über eine verstärkte Zusammenarbeit mit Eltern (Cloos/Zehbe/Krähnert 2020), die Betonung der Bedeutung von frühem Parental Involvement (Epstein 1987; Hachfeld et al. 2016) und der Zusammenhänge von globaler Qualität in Familie und Kindertageseinrichtung, kombiniert mit Forderungen nach der Öffnung der Kindertageseinrichtung in den Sozialraum, auch über veränderte Organisationsmodelle (Familienzentren), die Gestaltung von Transitionen (Krähnert/Zehbe/Cloos 2022) sowie die Ausweitung von Diagnostik (Kelle 2018) findet eine Entgrenzung von Bildung in den sozialen Raum statt. Diese wird wiederum als wesentlicher Faktor angesehen, um auch langfristig die Bildungswirkung des institutionellen Angebots abzusichern. „Die Betonung der Notwendigkeit einer räumlich konzipierten Vernetzung, Verzahnung oder Zusammenarbeit zwischen den für das Kind relevanten Akteur_innen wird zum aktuellen Standardrepertoire frühpädagogischer Praxisentwicklung und Theoriebildung" (Koch/Schulz 2019, S. 384). Zentral sind dabei Forderungen nach einer Verknüpfung von Bildungsorten und Lernwelten, wie sie beispielsweise der 12. Kinder und Jugendbericht (Bundesministerium für Familie, Senioren, Frauen und Jugend 2005) angedacht hat, und Konzepte von sozialräumlicher Vernetzung (Jung/Gels 2019; Töpfer/Karner/Cloos 2023). Eine solch entgrenzte Bildung ist gekennzeichnet durch eine Kindorientierung (die Bedeutung der Vielgestaltigkeit der kindlichen Bildungswelten und -orte wird anerkannt), den Anspruch permanenter Anschlussfähigkeit, eine Entgrenzung der Organisation (die Bildungslandschaft wird zur Institution) und den Glauben an die (kommunale) Steuerungsfähigkeit (Koch/Schulz 2019, 392 f.).

4.2.3 Aktuelle Konkretisierungen: Bildung und Langsamkeit

Eine, auch international diskutierte, Zeitdiagnose nimmt die neoliberalen Tendenzen der Gesellschaft, Ökonomisierungs- und Verwertungslogiken und Individualisierungsbestrebungen kritisch in den Blick, die auch Auswirkungen auf das System der FBBE habe (u. a. Moss 2014; Cameron/Moss 2020). Kritisiert wird die Verengung im Sinne einer evidenzbasierten Praxis, von Investitionen, erkennbaren Ergebnissen, Bewertungen und deren Skalierung, des Denkens in der Kategorie Humankapital und eines Fokus auf (Förder-)Programme. Diese marktförmigen Tendenzen zielen darauf ab, „defining explicit standards and measuring performance to ensure ‚output controle'" (Moss/Cameron 2020, S. 10 f.). Autor:innen, die sich kritisch mit diesen Aspekten auseinandersetzen und explizit Kapitalismuskritik üben, folgen einer z. T. von postkolonialen Debatten informierten Perspektive und plädieren für eine Emanzipation von diesen Setzungen gegen eine Verengung frühpädagogischer Orientierungen nach dem Prinzip „what works?" (Moss/Cameron 2020, S. 8). Die Konzeptionen von Bildung sind hier stärker dialogorientiert, am kindlichen Wohlbefinden ausgerichtet und plädieren auch für eine verlangsamte Bildung in dem Sinne, dass stärker dem Kind selbst als der Gesellschaft zu folgen sei (Clark 2023). Bildung meint dann das ehrliche Interesse daran, zu verstehen, wie Wissen entsteht. Erinnert wird daran, dass Bildungsprozesse Zeit brauchen. „Slow knowledge can be understood as relating to the process of meaning-making" (Clark 2020, S. 141). Ausgehend von einer kritischen Distanzierung von Phänomenen der Beschleunigungsgesellschaft (Rosa 2022), wendet sich eine „Slow Pedagogy" gegen eine Effektivierung kindlichen Aufwachsens, gegen Prozesse der Scholarisierung, die Kindern jegliche Art von Förderung und Bildung effizient zukommen lassen will. Bildung brauche Zeit, Vertrauen und die Fokussierung auf das einzelne Kind: „Making time for children to follow through their ideas can be an important ingredient in the coconstruction of slow knowledge" (Clark 2020, S. 143). Eine so postulierte Bildung der frühen Kindheit kann als kindzentriert und kindorientiert gelten. Als erfahrungsorientierte Pädagogik achtet eine „Langsame Pädagogik" auf alle Sinne, auf Gefühle aller beteiligten Akteur:innen, auf die Zeitstruktur der Kinder, das Verweilen, Wiederholen, Umdenken (Clark 2020; Clark 2023). Im deutschsprachigen Raum finden sich ebensolche Überlegungen in den Konzepten des Wahrnehmenden Beobachtens (u. a. bei Schäfer/Alemzadeh 2012), auch unter der Prämisse einer „Pädagogik des Innehaltens" und der „aktiven, aufmerksamen Zurückhaltung" von Fachkräften (Schäfer 2011, S. 80). Demnach gilt es, den Interessen des jeweiligen Kindes zu folgen, ihm zuzuhören und sich auf seine Prozesse einzulassen, die aktiven Selbstbildungsprozesse anzuerkennen (Schäfer 2011). Sie gehen aber über die Konzepte von Bildung als Selbstbildung hinaus, wenn sie – informiert durch kindheitstheoretische Debatten – Kinder als „citizens and public thinkers" verstehen (Clark 2020, S. 144), die nicht erst im Werden begriffen sind.

4.2.4 Versuche, Bildung neu denken

Die durch Prozesse der ungebremsten Industrialisierung und Übernutzung natürlicher Ressourcen verursachten Veränderungen der weltweiten Lebensbedingungen und -formen sowie des partiell unreflektierten Umgangs mit riskanten Technologien bilden den Anlass, eine Neuorientierung bisheriger Bildungskonzepte vorzunehmen.

Das Ausrufen der UN-Dekade „Bildung für Nachhaltige Entwicklung" (von 2005 bis 2014), die Proteste der „Fridays for Future"-Bewegung und das UNESCO-Programm „Education for Sustainable Development: Towards achieving the SDGs" sowie die über SARS-CoV-2 ausgelöste pandemische Situation ab März 2020 werden als gegenwärtig bedeutsame Phänomene angesehen, die das Aufwachsen von Kindern und Jugendlichen tangieren und in pädagogischen und erziehungswissenschaftlichen Beiträgen international prominent aufgegriffen und diskutiert werden (Suzuki/Wulf 2022; Horn/Bergthaller 2022; Moss/Cameron 2020; Bilgi 2022; Crutzen/Stoermer 2000). Der Mensch als Produzent der Risikodynamiken entzieht sich wie auch den anderen Lebewesen, so wird herausgestellt, die Lebensgrundlage, nicht nur die humanitären, sondern eben auch die sozialen und ökologischen Ressourcen und Möglichkeiten mit der

Folge, dass sich die ökologischen, sozialen, kulturellen und ökonomischen Ungerechtigkeiten potenzieren. Trotz mittlerweile breiter Anerkennung dieses Wissens diskutieren keineswegs alle Beiträge Bildung und damit verbundene Fragen durchgängig im Lichte der gegebenen gesellschaftlichen Bedingungen und Herausforderungen, die mit der „Klimakatastrophe" in Zusammenhang stehen.

Eingefordert wird damit auch eine Neupositionierung des Menschen in der Welt, die im Zeitalter des „Anthropozäns" über Reflexionen der menschengemachten Krisen auch eine Neuausrichtung von Bildung nach sich ziehen. „In recent years the term 'Anthropocene' has come into currency as a way of characterizing relationships between human activity and the wider life processes and geological processes of the Earth" (Lee 2020, S. 15). In den Diskursen über das Anthropozän wird die umfassende und tiefgreifende Rolle und Wirkung des Menschen auf dem Planeten diskutiert (Wulf 2020, S. 7; Crutzen/Stoermer 2000, S. 17), die nicht mehr per se als Umwelt, sondern als Mitwelt zu verstehen sei (Spahn-Skrotzki 2010, S. 22 ff.). Insgesamt geht es dabei um einen fundamentalen Blickwechsel: Nicht länger dürfe der Mensch allein im Mittelpunkt stehen, sondern vielmehr das System „Erde". Eine zumeist europäische Ideen- und Bewusstseinsgeschichte, die durchzogen ist von der Idee einer „natürlichen" Überlegenheit (Bilstein/Westphal 2018) des Menschen gegenüber anderen Lebewesen, Elementen und Gegenständen, wird kritisch hinterfragt. Dies geht mit Forderungen einher, andere Lebewesen der Erde als gleichwertige und -rangige Subjekte und Akteur:innen anzuerkennen. Hieran anschließend wird dazu aufgerufen, Verantwortung für die Lebenswirklichkeiten aller Lebewesen und der unbelebten Natur des Planeten zu übernehmen. Eingefordert wird über derartige, an den Posthumanismus anschließende Positionen, u. a. biozentrische und bioethische Dimensionen (Spahn-Skrotzki 2010, S. 29–36) nachdrücklicher zu diskutieren. Menschen, verortet in der „Mitwelt", werden aufgefordert, die Lebenswirklichkeit anderer Lebewesen nicht abzusprechen oder diese sogar zu zerstören und das eigene Leben, die eigenen Bedürfnisse und den Umgang mit den Ressourcen der Welt nicht ausschließlich an sich selbst auszurichten. Damit wird gleichzeitig „nicht-menschlich Anderen" ein eigener Wert zugeschrieben. Eine so fundierte „Bioethik hinterfragt die gesamte Naturumwandlung und -verwertung des technisch industriellen Fortschritts, die naturwissenschaftliche Erkenntnismethodik sowie den gesamten Bereich der Nutzorganismen" (Spahn-Skrotzki 2010, S. 31).

An diese, hier eher kursorisch referierte Position wird mit Blick auf Kinder und Kindheiten ein Überdenken der klassisch orientierten Bildungskonzepte gefordert. Angemahnt wird eine Erweiterung von Bildungskonzepten um eine Perspektive, die gesellschaftliche Veränderungen aufzugreifen vermag und sich gegenüber anderen Lebewesen und Naturressourcen sensibel und nachhaltig zeigt. Ansätze, die Bildung als Transformation von Selbst- und Weltverhältnissen denken, scheinen hierfür anschlussfähig (u. a. Koller 2012a). *Einerseits* zielen sie darauf ab, Bildung im Sinne einer Nachhaltigkeit inhaltlich zu füllen, *andererseits* wird unter Bezug auf das Anthropozän eine Neupositionierung des Menschen und der Reflexionen seines Umgangs mit „nicht-menschlich" Anderen verlangt (u. a. Cameron/Moss 2020). Bildungsansätze müssten im Sinne einer Transformation demnach neu ausgerichtet und eine ethisch-ökologische Neudefinitionen der Mensch-Natur-Beziehung vollzogen werden.

Eine so gedachte Idee von Bildung greift den Vorschlag auf, dass Kindheit sich in einer Welt realisiert, in der Leben nicht auf menschliche Belange reduziert werden kann (Taylor/Blaise/Giugni 2012). Die hierüber erweiterte, partiell als posthumanistisch markierte Theorie von Bildung knüpft an Diskurse zur Dezentrierung der Kindorientierung (Spyrou 2018; Land et al. 2022) an. Diskutiert wird, ob eine Pädagogik der Kindheit sich anders positionieren kann, als Kinder zentral zu setzen. „Child-centered developmentalism perpetuates education as a project focused on structuring its purposes around the socialization and enculturalization of a child, who must gradually achieve autonomy as they progressively gain mastery of the world" (Land et al. 2022, S. 112). Die immer noch anzutreffende adultistische Legitimierung der Beherrschung der Kinder in Erziehungs- und Bildungssettings (Liebel/Meade 2023) wäre demnach ebenso aufzugeben wie der Glaube an eine uneingeschränkte, lineare-phylogenetische Fortschrittsgeschichte der Entwicklung von Kindheit, wie sie sich insbesondere in vermeintlich rational ausgerichteten, outcome-orientierten Kompetenzentwicklungsprogrammatiken dokumentiert findet. „We propose that an education for pedagogists in Canada must ask pedagogical and ethical questions to help break from the magnetism of child-centered approaches and their developmentalism. We offer two propositions for pedagogists toward decentering the child: (1) refusing legitimation through mastery and (2) abandoning narratives of linearity" (Land et al. 2022, S. 111). Damit wird gegen einen Bildungsgedanken argumentiert, der Bildung lediglich als menschliches Projekt definiert „that still acts and thinks as if the world is dependent on our will" (Land et al. 2022, S. 112).

Diskutiert wird, was Bildung im Zeitalter des Anthropozäns formt, welche erziehungs-, geistes- und sozialwissenschaftlichen Konzepte und Theorieperspektiven angemessen sein könnten und wie die Konzepte kindlichen Aufwachsens zukünftig formuliert werden sollten. Damit sind dann auch institutionalisierte Kontexte aufgefordert, sich mit einer solchen (notwendigen) Neuordnung der Verhältnisse auseinanderzusetzen und diese entsprechend neu zu rahmen. „Institutionen und Politiken der Kindheit werden als eingebettet in Phänomene eines geologisch-planetaren Wandels verstanden, der das, was die Soziologie für gewöhnlich makrosoziologisch als gesellschaftlichen Wandel beschreibt, überschreitet" (Alberth/Bollig/Schindler 2020, S. 7). Bildungsthemen haben demnach nicht allein eine Bildungspotenzialität, über die u. a. eine Bildung für nachhaltige Entwicklung erfolgen soll, sondern der Mitwelt selbst wird ein eigenes Recht, eine eigene Würde und damit auch eine Mitsprache und Antwortfähigkeit an der Gestaltung der Welt zuerkannt.

4.2.5 Zwischenfazit

Die im Feld der Pädagogik der Kindheit virulenten Bildungsdiskurse und -ideen sind im Kern deutlich erziehungswissenschaftlich konturiert und folgen der Logik der Welt-Selbst-Erschließung und -Aneignung sowie letztlich Fragen der kritischen Positionierung des Menschen im Weltgefüge und damit einer Transformation von Selbst- und Weltverhältnissen. Die auf die Pädagogik der Kindheit bezogenen Überlegungen und Konzeptionen von Bildung dokumentieren zwei Herausforderungen: Einerseits wollen sie das zuweilen noch junge Kind, dessen Bedürfnisse, Fähigkeiten, Interessen und den kindlichen Modus der Aneignung berücksichtigen und zum Ausgangspunkt nehmen. Andererseits sind sie daraufhin orientiert, Konzeptionen von Bildung für die kindheitspädagogische Praxis übersetzbar und damit anwendbar zu machen. Bildungskonzepte für Kindertageseinrichtungen fragen immer auch danach, was adressat:innenkonforme Bildungspraxis sein kann, und zugleich, was Bildung braucht, um Kindern Selbst-Welt-Aneignungsprozesse und soziale Positionierungen zu ermöglichen. Dabei changieren kindheitspädagogische Konturierungen von Bildung zuweilen zwischen einem Plädoyer für Selbstbildung und Kindorientierung und für eine gezielte, pädagogisch initiierte Interaktion (König 2007), da Selbstbildung allein und das „Tun lassen" nicht in einem umfassenden Bildungsanspruch aufgehen (Grell 2010). Impulse seitens der Kinder sind demnach innerhalb der Kindheitspädagogik konsequenterweise stärker noch als transformatorische Bildungsmomente der gegenwärtigen Gesellschaft anzuerkennen, wie die aktuelle Debatte um eine verlangsamte und posthumanistisch konzipierte Bildung deutlich macht.

5 Bildung – Versuch einer Positionierung

Wenn unter Bildung der Erwerb von Selbst-, Welt- und Sozialerkenntnissen verstanden wird, dann scheint diese Charakterisierung zunächst hinreichend zu sein, um Bildung von dem, was allgemein unter Sozialisation[4], Erziehung oder Betreuung verstanden wird, abzugrenzen. Der Begriff Bildung verweist dabei immer auch auf ein Resultat, wohingegen Bildsamkeit stärker auf die Potenzialität der Prozesse von Bildung abzielt. Erziehung benennt hingegen eine Praxis, die sich über ausgewiesene direkte, beispielsweise pädagogische Interventionen, Inszenierungen und Praktiken oder indirekte, beispielsweise medial gesteuerte Ein-

---

4 Hier sei nochmals daran erinnert, dass in der Expertise der Fokus auf die Trias Bildung, Betreuung und Erziehung, nicht aber auf Sozialisation gelegt wird. Sozialisation wird daher hier verkürzt als ein gesamter, gesellschaftlich vermittelter, von der ökonomischen, kulturellen, sozialen und materiellen Umwelt durchdrungener individueller Prozess der Entstehung von Persönlichkeit, Individualität und Identität, Autonomie und Eigenständigkeit sowie der Herstellung von sozialer Integration verstanden.

flüsse, konstituiert. Ob gegenwärtig Erziehung noch als die Gesamtheit der gesellschaftlich vorgehaltenen Inszenierungen, Räume und Reaktionen auf die Entwicklungstatsache verstanden werden kann und die Markierung einer generationalen Differenz voraussetzt, ist angesichts der Beobachtung unsicher, dass die jeweils ältere Generation nicht mehr umfänglich und privilegiert über das Wissen verfügt, das über Erziehung vermittelt werden soll (Hengst 2013). Betreuung verlangt eine von diesen Hinweisen entkoppelte Charakterisierung. Betreuung scheint erstens ein vornehmlich politisch orientierter Begriff zu sein und zweitens Praktiken zu umfassen, die auch über Erziehung beschrieben werden sollen. Zumindest in institutionalisierten pädagogischen Settings sollte es immer um mehr gehen als um Beaufsichtigung, Versorgung und Begleitung, sondern immer auch darum, über die jeweiligen Arrangements und Praktiken des Zeigens andere zu motivieren und zu befähigen, selbstständig Situationen zu gestalten und Herausforderungen zu bewältigen.

Diese allgemeine Relationierung von Bildung, Betreuung und Erziehung reicht aus, um unterschiedliche Praktiken begrifflich zu kennzeichnen. Werden allerdings die oben referierten ausdifferenzierten Verständnisse von Bildung reflektiert, erweist sich eine derartige in Relation zu Erziehung und Betreuung gesetzte Fassung von Bildung als nicht ausreichend. Hinzu kommt, dass sich die Spielarten der Verweise auf Bildung – ebenso wie die auf Sozialisation, Betreuung und Erziehung – in den letzten Dekaden dynamisch entwickelt und entfaltet haben. Das hat auch damit zu tun, dass die Diskurse um und die Praxis von Bildung eng an gesellschaftliche Rahmungen und damit verbundener Dispositive gekoppelt sind. Erinnert sei u. a. an die über Vergleichsstudien (PISA, IGLU oder der IQB-Bildungstrend 2022) aufkommenden Diskussionen über Qualität und Bildung, die auch nachhaltige Effekte für kindheitspädagogische Handlungsfelder hatten und der Idee einer auf Anschluss hin orientierten Bildungsbiografie folgen (Frost 2019, S. 37).

Jenseits der beschriebenen Lesarten von Bildung besteht in bildungs- und sozialwissenschaftlichen Diskussionen Einigkeit darüber, dass die Formen, Qualitäten und das Ausmaß der erworbenen Bildung und des hierin eingebundenen Wissens weder über erworbene Zertifikate noch über Kompetenzbeschreibungen hinreichend differenziert erfasst werden können. Testungen, Dokumente prozessorientierter Beobachtung und erstellte Portfolios (Schulz/Cloos 2013), Bescheinigungen oder Zeugnisse dokumentieren und zertifizieren weder die tatsächlich jeweils vorzuweisenden Fertigkeiten und Fähigkeiten, das Potenzial biografisch erworbenen Wissens und Könnens noch Bildung. Auch ist eine allein auf Schule fixierte Idee von Bildung kaum noch konsensfähig. Trotzdem erfahren in der Kindheitspädagogik schulnahe beziehungsweise förderpädagogisch argumentierende, den Bildungsbegriff verengende Vorstellungen von Bildung als Kompetenzentwicklung (Blaschke-Nacak/Thörner 2019) ebenso eine anhaltende Beliebtheit wie Überlegungen, Bildung verkürzt als Lernen und Erwerb von Wissen zu verstehen. Bildung darf jedoch nicht in Steuerung und Kontrolle umschlagen, sondern bedarf aufmerksamer Wahrnehmung und Begleitung (Frost 2019). Doch auch eine allein auf Selbstbildung setzende Konzipierung von Bildung (Grell 2010) würde nicht genügen, wenn kindheitspädagogische Einrichtungen unterstützend und/oder kompensierend darauf reagieren wollen, dass Kinder unter unterschiedlichen Bedingungen und mit unterschiedlichen Ressourcen aufwachsen. Dennoch hat sich ein komplexer Bildungsbegriff mit Blick auf die kindheitspädagogischen Handlungsfelder und die pädagogischen Praktiken *erstens* zu vergegenwärtigen, dass Bildung eng mit Aspekten der Erziehung und Betreuung als Grundlage der Ermöglichung und Befähigung von Erfahrungs-, Entwicklungs-, und Reflexionsprozessen verknüpft ist (Frost 2019; Liegle 2008). Dabei gilt es, den Kindern nicht abzusprechen, dass sie von vornherein befähigt wären (Frost 2019). Bildung bedarf daher einer dialogisch-responsiven Ausrichtung (Liegle 2013). Dies schließt *zweitens* daran an, dass sich Bildung nicht an (zufälligen) gesellschaftlich-kulturellen, historischen Konstellationen oder gar Machteffekten auszurichten habe und zu reflektieren ist, dass der Bildungsbegriff immer einer von Erwachsenen entworfener und auch für sie als Vision zu verstehen ist (Frost 2019).

Bildung wird in theoriebezogenen Beiträgen unter Verweis auf unterschiedliche Wissenschaftstheorien in unterschiedlichen disziplinären Kontexten sehr vielfältig gefasst und gerahmt. Differente Sichtweisen zeigen sich auch bezüglich unterschiedlicher Verwendungskontexte. In politisch-programmatischen Verwendungen von Bildung artikuliert sich ein anderes Verständnis als beispielsweise in der pädagogischen Praxis oder in der kindheitspädagogischen Theoriebildung. Die in der kindheitspädagogischen Praxis wiederum anzutreffenden Verständnisse von Bildung unterscheiden sich zuweilen erheblich von denen, die in der sozial- und erziehungswissenschaftlichen Forschung formuliert werden.

In dieser Expertise wird Bildung als ein empirisch nicht vollends wahrnehm- und beobachtbarer Prozess verstanden. Damit bleibt die Frage offen, an welchen Orten und unter welchen Bedingungen Bildung erworben werden kann, ob „Bildung" überhaupt etwas Objektivierbares ist, das „erworben" oder „angeeignet" wird. Bildung dokumentiert sich nicht umfänglich in erworbenem Wissen und in der Fähigkeit, sich zu artikulieren, zu präsentieren sowie sich in der Welt zu platzieren. Bildung geht nicht in der Formel einer Gestaltbarkeit und einer Didaktisierung von Situationen auf, die als bildungsrelevant erachtet werden. Pädagogische Bemühungen in Form räumlicher Arrangements und pädagogischer Praktiken können in kindheitspädagogischen Einrichtungen Bildungsprozesse eben nicht nur befördern, sondern auch bremsen oder verhindern.

Wahrzunehmen ist auch, dass in unterschiedlichen – auch in wissenschaftlichen – Diskursen nicht die Breite der Ideen von Bildung, an die zu erinnern angebracht wäre, thematisiert wird: Komplexität wird reduziert, vorliegendes Wissen vergessen oder ignoriert. Zusammenhänge werden verdeckt und historische

Linien zu Gunsten oder Ungunsten aktueller Aufgabenbestimmungen und Fragestellungen reanimiert oder ausgeblendet. Die erziehungswissenschaftliche und kindheitspädagogische Theoriebildung ist mit Blick auf Heranwachsende aufgefordert, unterschiedliche konkrete Anlässe, Prozesse, Formen, Arrangements und soziale Situationen sowie das Erleben und die Erfahrungen der beteiligten Akteur:innen in ihrer Heterogenität begrifflich über Bildung zu fassen. Bildungstheoretische Vergewisserungen können das Verstehen von Bildung bereichern, nicht jedoch die komplexe Wirklichkeit der mit Bildung verbundenen Prozesse erfassen. Auf Basis dieser Einsicht ist jeder Versuch, Bildung inhaltlich zu rahmen, nicht nur herausfordernd, aber unumgänglich, sondern auch konfrontiert mit dem Wissen, zu scheitern.

Wird Bildung als Prozess und kontinuierlicher Versuch verstanden, sich selbst und andere(s) wahrzunehmen, zu verstehen und zu reflektieren, sich darüber hinaus in ein Verhältnis zur Welt zu setzen und die Welt zu begreifen, zeigt sich die darin eingelagerte alltäglich sich neu stellende Herausforderung. Diese bezieht sich auch darauf, soziale Beziehungen herzustellen. In diesem Sinne ist Bildung auch immer mit Konzepten von Bildsamkeit und Bildungsbedürftigkeit zu verbinden. Die Gefährdungen des Planeten durch die von Menschen produzierten ökologischen, klimatischen und technologischen Risiken beruhen allerdings auf einer Idee von Bildung, die nicht nur auf Welterkenntnis, sondern auch auf Weltbeherrschung setzt. Im Kontrast hierzu bedarf es einer Idee von Bildung, nach der die Bildungssubjekte nicht nur sensibel Verantwortung für sich selbst und andere Menschen, sondern auch für die „nicht-menschliche" Welt und das gesamte Ökosystem tragen, ohne sich zugleich in herausgehobener Stellung gegenüber der Mitwelt zu positionieren. Mehr noch: Im Rahmen einer ethisch-ökologischen Neudefinition der Mensch-Natur-Beziehung geht es um eine stärkere Orientierung an transformatorischen Bildungsmomenten.

Bildung – unter den jeweils gegebenen gesellschaftlichen Bedingungen sozial und kulturell hergestellt – beinhaltet die stets neu zu justierende Herausforderung, Vergangenheit hinsichtlich ihrer Bedeutung für die Gegenwart und diese in Richtung einer noch nicht absehbaren Zukunft zu denken und zu reflektieren. Bildung meint damit auch, sich von bekannten Sichtweisen zu distanzieren und sich zu befremden, um neue Erfahrungen und Sichtweisen zu erkunden, zu prüfen und als bedeutsam anzunehmen oder erneut zur Disposition zu stellen. Dabei ist nicht nur in institutionalisierten Arrangements für (jüngere) Kinder darüber nachzudenken, inwieweit in welcher Form und durch wen dazu vorbereitet werden soll oder anzuregen ist, solche Distanzierungen und Befremdungen zu ermöglichen[5]. Bildung ist demnach mehr als Aneignung, mehr als die Fähigkeit, einen Kanon von Wissen zu präsentieren, mehr als nur ein Gedankenexperi-

---

5   Wie sie z. B. im Situationsansatz (vgl. 4.2.1) aufgegriffen werden.

ment. Bildung bleibt so verstanden nicht auf kognitive Prozesse reduziert. Sie betrifft das Subjekt – das Kind, den:die Jugendliche:n und den:die Erwachsene:n – in seiner gesamten Leiblichkeit und seine sinnlich-ästhetischen, körperlich-leiblichen, kulturellen, sozialen wie psychischen Dispositionen. Bildung beschreibt Subjektivierungsprozesse, die das Subjekt jedoch keineswegs singulär, sondern kollektiv, in Interaktion, Kooperation mit und Relation zu anderen und der (Mit-)Welt verwirklichen kann.

Bildung, kognitiv-gedanklich wie leiblich-körperlich, aktiv wie passiv, realisiert sich durch die Bildung gestaltenden und erlebenden Akteur:innen im Kontext von sozialen Interaktionen respektive in Beziehung zu anderen und zur Welt. Transformationen von Selbst-, Welt- und Sozialverhältnissen als Bildung finden immer im Zusammenhang und in Auseinandersetzung mit dem nahen, spür- und erfahrbaren wie globalen Leben auf der Erde, in der Welt mit anderen statt. Bildung ist zugleich die Herstellung von Distanz zu sich selbst, zur Welt und zu anderen, um durch kritisches Befragen bisherigen Denkens neue Sichtweisen und Ausdrucksformen zu finden.

Bildungstheorie reflektiert Bildung und die Bedingungen, die Bildung ermöglichen oder verunmöglichen, das heißt die gesellschaftlichen, materiellen, sozialen und kulturellen Ungleichheiten ebenso wie die Natur- und Umweltbedingungen, klimatischen und technologischen Veränderungen und die damit verbundenen Risiken. Eine reflexiv ausgerichtete Bildungstheorie versucht, historisch-kulturelle, lokal-regionale und nationale wie globale Aspekte und Veränderungen aufzugreifen und zu thematisieren.

Eine derart ausformulierte Bildungstheorie konzipiert Bildung als ein nicht affirmativ ausgerichtetes Projekt. Gedacht wird Bildung als ein Projekt, das Räume gestaltet, den Subjekten das Durchschauen und nicht die Beherrschung gesellschaftlicher Wirklichkeit und ihrer geschichtlichen Gewordenheit ermöglicht sowie sich selbst in der Welt zu lokalisieren und sozial mit anderen Menschen, aber auch mit anderen, „nicht-menschlichen" Anderen zu interagieren. Bildung in diesem Sinne ist zu verstehen als kontinuierliche, nicht auf bestimmte Räume, Anlässe und Situationen begrenzte Aktivierung der Potenzialität, dass der Mensch gewillt und in der Verfassung ist, Wirklichkeit nicht nur zu erleben und zu ertragen, sondern diese auch in Anerkennung der Mitwelt und in Verantwortung für diese zu gestalten.

6 Bildung in den SGB VIII Ausführungsgesetzen der Bundesländer – ein kommentierender Vergleich[6]

Ein so konturierter Bildungsbegriff scheint weder operationalisierbar noch durchgängig messbar und vor allem auch hochkomplex mit Blick auf eine mögliche empirische Erfassung. Kindertageseinrichtungen als Orte kindlichen Aufwachsens sind jedoch damit konfrontiert, Bildung, Betreuung und Erziehung auszugestalten, und aufgefordert, sich als Bildungsinstitutionen auszuweisen. Juristisch gerahmt und geregelt, wird dies über das SGB VIII und die länderspezifischen Ausführungsgesetze, die die FBBE mit einer gesellschaftspolitischen Konnotation dessen aufladen, was von den Einrichtungen erwartet werden kann. Es lässt sich jedoch annehmen, dass in dem begrenzten Platz der Gesetzestexte und hinsichtlich der zugrundeliegenden juristischen Verdichtung und Fokussierung sprachlich ein wie bereits oben beschriebener Bildungsbegriff kaum zu finden ist. Wir versuchen im Folgenden dennoch explorativ herauszustellen, wie in den Ländergesetzen Bildung skizziert wird, und weisen auf zentrale Differenzen oder Auffälligkeiten hin. Dabei haben wir Kategorien an die Gesetzestexte angelegt, die sich entlang der unter Kapitel 4.2 herausgearbeiteten Bildungskonzepte aufspannen. Neben der Trias Bildung, Betreuung und Erziehung ergänzen die Begriffe Pflege, Sorge/Fürsorge und Förderung den Kategorienkanon. Darüber hinaus folgt die Analyse Aspekten, die auf die Akteur:innenschaft und Rolle der im Handlungsfeld Auftretenden rekurriert. In diesem Sinne wurden die Gesetzestexte daraufhin befragt, wie sie Kinder, Eltern und pädagogische Fachkräfte (auch zueinander) positionieren.

Die Ausführungsgesetze der Länder sind dem SGB VIII nachrangig und verweisen als juristisch festgelegtes Regelsystem von Geboten auf derzeit gültige, gesellschaftliche Normen (Klinkhammer 2014, 93 f.) der Ausgestaltung von FBBE, die zudem einer permanenten Anpassung bedürfen. Dies erfolgt auf der Ebene parlamentarischer Prozesse und Diskurse (ebd., 94 f.). Neben diesen Dokumenten wurden im Zuge einer seit Beginn der 2000er Jahre anhaltenden Diskussion um die Qualität und die Erfüllung des Auftrags FBBE zwischen 2004 und 2007 auf der Grundlage des im SGB VIII bundeslandspezifische Rahmenpläne für den Elementarbereich entwickelt (Viernickel/Weltzien 2023), auf die zuweilen in den vorliegenden Gesetzestexten verwiesen wird (u. a. Baden-Württemberg, Thüringen). „Unter Berücksichtigung von Prinzipien, Bildungsbereichen und Aufgabendimensionen, wie sie im ‚Gemeinsamen Rahmen für die frühe Bildung in Kindertageseinrichtungen‘ der Jugend- und Kultusministerkonferenz niedergelegt wurden, sollen diese der pädagogischen Arbeit in Kindertageseinrichtungen

---

6   Die kommentierende und fokussierte Darstellung erfolgte anhand einer kategoriengeleiteten Sichtung der 16 Ausführungsgesetze der Länder, die im Anhang (9.2) als je kursorische, zusammenfassende Beschreibung einzusehen ist.

Transparenz verleihen" (Viernickel/Weltzien 2023, S. 1). Sie setzen dabei selbst unterschiedliche „Nuancen in Bezug auf die theoretischen Positionen zum Verständnis frühkindlicher Bildung […], mit denen sich Erwartungen an eine verbesserte Praxis früher Bildung und Förderung und hinsichtlich positiver Effekte für kindliche Entwicklung verbinden" (Viernickel/Weltzien 2023, S. 1). Diese für die einzelnen Bundesländer implementierten Pläne sind dabei in unterschiedlichen Graden verbindlich bzw. werden als Orientierung gefasst, was insbesondere hinsichtlich der Ausgestaltung von FBBE zu reflektieren ist. Die Sichtung der Ausführungsgesetze und die sich hierüber dokumentierende juristische Rahmung zeigt, dass die Rahmenpläne möglicherweise weiter Aufschluss über das geben, was in den einzelnen Bundesländern unter der pädagogischen Trias gefasst wird. Zur Kenntnis zu nehmen ist, dass zehn der sechzehn Bundesländer mehr oder weniger deutlich die landesspezifischen Bildungspläne zu Beginn oder am Ende der Gesetzestexte aufgreifen. Formulierungen folgen dabei der Logik, dass die Bildungspläne die pädagogische Arbeit rahmen und grundieren. Dies bedeutet dann auch, dass sich ausdifferenzierte, kindheitspädagogisch relevante Vorstellungen von Bildung in diesen auffinden lassen sollten, und erklärt möglicherweise, dass in den Gesetzen selbst nicht durchgängig ein je konsistenter Bildungsbegriff zu finden ist. Dem gegenüber verdeutlichen die Gesetzestexte, dass diese sowohl in ihrer sprachlichen Verfasstheit als auch in ihrer dokumentarischen Grundlegung kaum dezidiert dazu Stellung nehmen, was konkret unter Bildung, Betreuung und Erziehung im Einzelnen zu verstehen sei.

Bezogen auf die Ausführungsgesetze fällt insgesamt eine Verschränkung der Begriffe *Bildung und Erziehung* bzw. *Bildung und Förderung* (u. a. Baden-Württemberg, Berlin) auf. In diesem Sinne wird Förderung dann auch als *Entwicklungsbegleitung* eines gelungenen Aufwachsens verstanden (z. B. Brandenburg, Bremen) bzw. als das Nutzen von Entwicklungschancen (Hessen) formuliert, was durchaus einem pädagogischen Optimismus folgt, der Kinder bei ihrem „Werden" begleitet (König/Stenger/Weltzien 2013, S. 13). Auf Entwicklung hin orientierte Formulierungen in den Gesetzen nehmen zudem Bezug auf Prävention und Inklusion mit der Absicht, Defizite und Gefährdungen abzuwenden. Im Kern folgt diese Begleitung kindlichen Aufwachsens dem Ziel gelingender Entwicklung und der Absicherung langfristiger Bildungswirkung, an denen sich institutionelle Angebote auszurichten haben. Dahingehend fallen Formulierungen auf, die *Bildung eher über deren Kompetenzerwerb* und die Vermittlungstätigkeit rahmen (z. B. Berlin, Bayern, Bremen). Anzuerkennen seien dabei die individuellen Bedürfnisse der Kinder und ihres Lebensumfelds. Hingewiesen wird zudem darauf, dass sich Erkundungen auf das eigene Lebens- und Wohnumfeld beziehen (bspw. Brandenburg, Nordrhein-Westfalen), aber auch die Erkundung des Lebensraumes außerhalb der Kindertageseinrichtung bedeutsam ist (u. a. Berlin). Dies entspricht Forderungen nach einer Verknüpfung von Bildungsorten und Lernwelten, wie sie beispielsweise der 12. Kinder und Jugendbericht (Bundesministerium für Familie, Senioren, Frauen und Jugend 2005) angedacht hat, und Konzepten sozialräumlicher Vernetzung (Jung/Gels 2019; Töpfer/Karner/Cloos 2023). Dabei geht es um die Realisierung von Erlebnis-, Handlungs- und Erkenntnismöglichkeiten, um einerseits die kindliche Eigenverantwortlichkeit, andererseits die Gemeinschaftsfähigkeit zu stärken.

In manchen Gesetzestexten wird stärker der kindliche Eigensinn betont. Diese, so zeigt eine Durchsicht, formulieren ein eher ausdifferenziertes, *umfassendes Bildungsverständnis*, das Kinder und deren Bedürfnisse zentral setzt, ihnen anthropologisch eigene Motive und Modi der Welt-Selbst-Erschließung zuerkennt (Brandenburg, Hamburg, Niedersachsen). Diese Markierungen erinnern an Diskurse um Agency (Eßer 2014; König/Stenger/Weltzien 2013), bei denen die Handlungsmächtigkeit, Akteur:innenschaft der Kinder und ihre Eigenständigkeit im Vordergrund stehen. Bildung wird dann als Entfaltung der eigenen Identität gerahmt, die über einen Kompetenzerwerb hinausgeht. Auch eine Positionierung von Erziehung als Hilfeleistung und Bildung als Förderung (Hamburg) ist zuweilen erkennbar. Die hier benannten Aspekte diskutierend, zeigen sich in den Gesetzestexten unterschiedliche Orientierungen. So heben a) manche Gesetze deutlicher auf *organisationale Rahmungen* ab bzw. adressieren an pädagogische Fachkräfte Aufträge, die scheinbar stärker einer Förderthematik folgen (bspw. Bremen, Sachsen-Anhalt). Andere sind dagegen b) viel ausgewiesener *kindorientiert*, verstehen Kinder als aus sich heraus agierende Subjekte und Akteur:innen, die über eigene Motive und Modi einer Welt-Selbst-Erschließung folgen. Bildung ist demnach an dieser Logik auszurichten, was sich u. a. an einer stärker partizipatorischen Orientierung zeigt (Brandenburg, Hamburg, Nordrhein-Westfalen). Überdies wird c) in den Gesetzestexten zudem auf die *Zusammenarbeit und Absprache mit sowie Unterstützung der Eltern hingewiesen* (u. a. Bayern, Berlin, Sachsen-Anhalt), was an Konzepte der verstärkten Zusammenarbeit mit Eltern anschließt (Cloos/Zehbe/Krähnert 2020). So liegt u. a. in Bayern die Bildungsverantwortung zuvorderst bei der Familie. Das institutionelle Bildungsgefüge ist subsidiär orientiert und es wird auf ein partnerschaftliches Bündnis zwischen Eltern und Fachkräften hingewiesen. Bildung und Förderung werden damit auch als Kernaufgabe der Familie verortet (u. a. auch Nordrhein-Westfalen), außerfamiliäre Bildung und Erziehung sind zumeist explizit familienergänzend konzipiert (z. B. Baden-Württemberg) oder aber der Familienbezug spielt kaum eine dezidierte Rolle (Bremen).

Neben diesen Ausrichtungen wird in einigen Gesetzen unterschiedlich stark auf Bildung und Erziehung in einer pluralisierten und diversen Gesellschaft hingewiesen, die zum Teil als unterschiedliche Lebenslagen, kulturelle, weltanschauliche und religiöse Hintergründe der Familien und Adressat:innen aufgegriffen werden (Brandenburg, Niedersachsen, Saarland). Entwicklungsbegleitung, Bildung, Erziehung und Förderung beziehen sich auf alle Kinder, u. a. unabhängig ihres Geschlechts (Rheinland-Pfalz. Berlin, Nordrhein-Westfalen), auch wenn zuweilen explizit von Mädchen und Jungen gesprochen wird (Brandenburg), wird eine Offenheit für geschlechtliche Vielfalt (Nordrhein-Westfalen) und unterschiedliche sexuelle Identitäten gefordert (Berlin). Es geht u. a. darum, der Achtung der kulturellen Identität (Hamburg) und der Vielfalt menschlichen Lebens Rechnung zu tragen (Bayern). Diversität soll demnach dazu beitragen, sich gegenseitig anzuerkennen, emotional positive Beziehungen aufzubauen und sich zu unterstützen (Schleswig-Holstein). Es bedarf hierfür der Ermöglichung der Entwicklung der Kinder zu eigenständigen und selbstbewussten Persönlichkeiten im Modus der Anerkennung und Bejahung kultureller Vielfalt, der Unterstützung des Gewahrwerdens eigener Bedürfnisse und des Bewusstseins für den eigenen Körper sowie des gleichberechtigten Zusammenlebens aller Menschen und der Ermöglichung von Partizipation (Berlin). Zuweilen wird explizit auf die Gleichberechtigung der Geschlechter hingewiesen (Hamburg, Niedersachsen). Damit bedarf es des Ausbaus kultursensitiver resp. interkultureller Kompetenzen (Mecklenburg-Vorpommern, Nordrhein-Westfalen) und der Toleranz und Akzeptanz gegenüber allen Menschen (Sachsen) sowie der Chancengleichheit (Sachsen-Anhalt).

Zudem und wie in Kapitel 4.2.3 ausgeführt, finden sich in wenigen Gesetzen Hinweise, die den Bildungsbereich Nachhaltigkeit zumindest erwähnen (Mecklenburg-Vorpommern, Brandenburg) und auf die Vermittlung des verantwortungsvollen Umgangs mit der Umwelt hinweisen. Es ist jedoch nicht davon auszugehen, dass vollends das aufgegriffen wird, was unter Aspekten des Anthropozäns und der Positionierung der Umwelt als Mitwelt gerecht werden könnte. So scheinen diese Aspekte noch nicht in den Gesetzestexten angekommen, sondern Bildung wird in diesem Sinne als Kompetenzvermittlung gedacht, die einer eher klassisch orientierten Bildung für nachhaltige Entwicklung folgt.

Resümierend ist ein Feld der Uneindeutigkeit zu erkennen, was insbesondere einen ausgewiesenen Bildungsbegriff oder auch die Abgrenzung zu anderen Begriffen wie Erziehung oder Förderung betrifft. Alle diese Begriffe werden explizit als originäre Aufgaben frühpädagogischer Arrangements in Kindertageseinrichtungen platziert und zuweilen wird einleitend und grundlegend insofern Bezug auf das SGB VIII genommen, als Formulierungen der Aufgabentrias wortgetreu übernommen werden (u. a. Hessen). Mit Bezug auf Betreuung werden in den Gesetzestexten interessanterweise fast durchgängig Kindertagespflegesettings adressiert.

Dass die politisch programmatischen Gesetze einem anspruchsvollen Bildungsbegriff kaum Rechnung tragen können, mag daran liegen, dass sie als juristische Rahmung der Gestaltung des Aufwachsens von Kindern in Kindertageseinrichtungen weniger den Prozess, sondern vielmehr das Ergebnis des Besuchs einer solchen Einrichtung anvisieren. Auch wenn sie in Teilen auf eine durchaus umfangreiche Ermöglichung von Erfahrungsräumen mit sich und anderen und auf die Entwicklung einer eigenverantwortlichen und gemeinschafts-

fähigen Persönlichkeit abzielen, reicht dies kaum aus. Vermisst wird insbesondere die Erkenntnis, dass sich Bildung als Projekt und Prozess darauf konzentriert, den Adressat:innen ein reflexives Durchdenken und Kritisieren gesellschaftlicher, historisch geprägter Wirklichkeiten und des eigenen biografischen
Gewordenseins ermöglicht und eben nicht eine Beherrschung oder ein Einfügen
in die Welt. Die Gesetzestexte bleiben weitgehend hinter einer reflexiven Lokali-
sierung, Positionierung und Gestaltung des Lebens der Subjekte im sozialen
Kontext zurück, auch wenn z. B. eigene und fremde Lebenswelten, Inklusion und
Diversität angesprochen werden und auf einen mitmenschlichen, verantwor-
tungsbewussten Umgang mit der Welt hingewiesen wird.

7 Desiderate und Empfehlungen

Aus all den hier vornehmlich kursorisch thematisierten Diskurssträngen zu Bildung lassen sich vielfältige Forschungsdesiderate auf verschiedenen Ebenen fest-
stellen. Zudem ließe sich zunächst eine Diskussion darüber anstoßen, ob und inwiefern die hier betrachteten Ebenen (bildungspolitische Gesetzgebung und
wissenschaftliche, theoretisch-empirische Beschäftigung) überhaupt miteinander
ins Verhältnis gesetzt werden können. Die Ausführungsgesetze der Länder sind
programmatisch-normativ und regelungsorientiert verfasst – dies ist auch ihre
Aufgabe. Wie können theoretische oder empirische Diskussionen über Bildung
überhaupt in diese Form der Dokumente Eingang finden und wie lassen sich Ver-
kürzungen vermeiden? Aufgabe von Wissenschaft ist es dennoch, zu reflektieren,
inwiefern wissenschaftliche Überlegungen in staatliche Regulierungen aufgenommen werden respektive, ob diese auch wissenschaftlichen Erkenntnissen Rechnung
tragen. Die in der Expertise vernachlässigten Dokumente der FBBE, die Bildungs-
und Erziehungspläne, scheinen an dieser Stelle möglicherweise aufschlussreich,
auch wenn sie nicht durchgehend als verbindliche Arbeitsgrundlage in den Ländern implementiert wurden und bereits anhand ihrer Titel weitere Diversifizierun-
gen im Kontext der Ausgestaltung von Bildung, Betreuung und Erziehung zu er-
warten sind (Viernickel/Weltzien 2023). Ein bedeutsames Forschungsdesiderat
scheint darüber hinaus zu sein, dass sich wenige Studien überhaupt mit der Frage
auseinandersetzen, welches Bildungsverständnis bzw. welche Deutungen von Bildung in der konkreten Praxis, bei pädagogischen Fachkräften, Eltern oder Kindern
existent sind (Kaul 2019; Betz/Bischoff-Papst 2020; Moll 2020).

Zudem liegen Studien vor, die sich tendenziell eher durch eine ergebnisorien-
tierte oder positivistische Brille mit einer in unterschiedlichen operationalisierba-
ren Formen von Bildung (als Ergebnis) auseinandersetzen, weniger solche, die sich
konkrete Prozesse in der Praxis (jedoch u. a. Göbel/Cloos/Hormann 2021; Poli-
akova/Stenger/Zirves 2021; König 2009) oder aus der Perspektive von Fachkräften
oder gar Kindern (bspw. Clark/Nordtømme 2018) anschauen. Dabei gibt es in den

wenigen vorliegenden Studien (z. B. Kaul 2019) einige Hinweise, dass Bildungsvorstellungen deutlich biografisch geprägt sind, zuweilen im Feld FBBE zwischen antizipierten schulischen Forderungen und Kompetenzorientierung und einer expliziten umfassenden Persönlichkeitsentwicklung changieren, die stärker das Subjekt und dessen Gemeinschaftsfähigkeit im Modus des Ausprobierens verstehen, was durchaus an Aspekte der Langsamkeit (Kapitel 4.2.2) erinnert. Welche Potenziale neuere, auf Nachhaltigkeit im Sinne des Anthropozäns hin orientierte Konzepte bieten (u. a. Bilgi et al. 2023), bleibt umfassend zu diskutieren.

Dementsprechend fehlen Studien, die eine Idee von Bildung auch durch Forschung selbst stark machen, die nicht von einem immer schon gewussten, vermeintlich hegemonialen Bildungsideal oder einer über verschiedene Indikatoren ausweisbare, und damit messbare, Idee von Bildung ausgehen. Es stehen Forschungsansätze aus, die weniger auf vermeintlich objektivierbare Sachverhalte, sondern stärker auf Bildungs-Prozesse fokussieren, bei denen sich immer erst hinterher, vielleicht sogar erst in biografieanalytischer Perspektive oder im Rahmen von partizipativen Forschungsprozessen die jeweiligen Subjekte dazu äußern können, ob tatsächlich „Bildung" im Geiste einer kritischen Auseinandersetzung mit Selbst-Welt-Verhältnissen stattgefunden hat.

In den vorliegenden wissenschaftlichen Entwürfen fällt auch auf, dass nicht selten eine Art didaktisierbarer Bildungsbegriff präsentiert wird. Auch dies lässt sich als Indiz dafür lesen, einerseits der Praxis eine handhabbare, anwendungsorientierte Folie der Ermöglichung und Gestaltung von Bildung zur Verfügung zu stellen. Andererseits zeigt dies, dass Wissenschaftsproduktion möglicherweise unter dem Druck der oben beschriebenen Ökonomisierungszwänge steht, unter einer spezifischen Vorstellung von einem (hierarchischen) Wissenschafts-Praxis-Verhältnis (Beck/Bonß 1989). Ein didaktisierter Bildungsbegriff, der klar skizziert, wie sich Bildung anregen oder umsetzen lässt, legt einen „starren", materiellen Bildungsbegriff an, der etwa Wissenserwerb oder das Erlangen bestimmter Fähigkeiten/Kompetenzen zentral setzt. Ein didaktisierbarer Bildungsbegriff, also einer an den tendenziell diese didaktisierten Entwürfe anschlussfähig sind, findet sich weitgehend in den Ausführungsgesetzen der Länder. Dort wird deutlich auf Förderung, Schulreife (z. B. Sprachbildung) und Anschlussfähigkeit abgezielt, z. T. auch auf Integration/Inklusion. Es wird ein eher formaler Bildungsbegriff favorisiert, einer, der Bildung letztlich als Zugang zu, als Etikett oder gar als Zertifikat begreift – also vom Ergebnis her denkt. Dabei sind Gesetzestexte qua Dokument dazu angewiesen, konkrete, sprachlich verfasste Setzungen vorzunehmen, die dem Versuch von Konkretisierungen aufsitzen, die zuweilen und rekurrierend auf die unter Kapitel 3 bis 4 diskutierten Herausforderungen und gar Unmöglichkeiten begrifflicher Abgrenzungen und Schärfungen kaum gerecht werden können. Jede Form der Konkretisierung bedeutet immer auch, dass nicht mehr der Prozess, sondern das Ergebnis fokussiert wird.

Inwiefern aber Bildung *als Prozess* empirisch fassbar ist, lässt sich abschließend nicht klären. Gegebenenfalls sind auch immer nur Spuren von etwas, das sich unter spezifischen theoretischen Annahmen hinterher als Bildung beschreiben lässt, identifizierbar. Neben diesen genannten Leerstellen und Herausforderungen sind gleichwohl Tendenzen zu begrüßen, die gesellschaftliche Vielfalt oder Nachhaltigkeit aufgreifen und damit durchaus auch auf eine zu gestaltende unbestimmte Zukunft verweisen. Letztlich bleibt zu fragen, wer sich an welchen in der Expertise angesprochenen Zugängen, Thematisierungen und Perspektiven orientiert, welche Aufgabe und Rolle den Gesetzestexten im Vergleich zur Wissenschaft zukommt und inwiefern Praxis sich hierüber gestaltet.

8 Literatur

Adorno, Theodor W. (1973): Theorie der Halbbildung. In: Horkheimer, Max/Adorno, Theodor W. (Hrsg.): Sociologica II. Frankfurt am Main: EVA, S. 168–191.

Ahnert, Lieselotte (2007): Von der MutterKind zur ErzieherinnenKindBindung? In: Becker-Stoll, Fabienne/Textor, Martin R. (Hrsg.): Die Erzieherin-Kind-Beziehung. Zentrum von Bildung und Erziehung. Berlin, Düsseldorf, Mannheim: Cornelsen Scriptor, S. 31–41.

Alberth, Lars/Bollig, Sabine/Schindler, Larissa (2020): Materialitäten der Kindheit. Analytische Sichtachsen auf Körper, Dinge und Räume. In: Bollig, Sabine/Alberth, Lars/Schindler, Larissa (Hrsg.): Materialitäten der Kindheit. Körper – Dinge – Räume. Wiesbaden, Heidelberg: Springer VS, S. 1–14.

Aulenbacher, Brigitte/Dammayr, Maria (2014): Krisen des Sorgens. Zur herrschaftsförmigen und widerständigen Rationalisierung und Neuverteilung von Sorgearbeit. In: Aulenbacher, Brigitte/Dammayr, Maria (Hrsg.): Für sich und andere sorgen. Krise und Zukunft von Care in der modernen Gesellschaft. Weinheim: Beltz, S. 65–76.

Autor:innengruppe Bildungsberichterstattung (2022): Bildung in Deutschland 2022. Ein indikatorengestützter Bericht mit einer Analyse zum Bildungspersonal. Bielefeld: wbv Publikation.

Baader, Meike Sophia/Eßer, Florian/Schröer, Wolfgang (2014): Kindheiten in der Moderne. Eine Geschichte der Sorge. In: Baader, Meike Sophia (Hrsg.): Kindheiten in der Moderne. Eine Geschichte der Sorge. Frankfurt am Main: Campus, S. 7–20.

Bastian, Pascal/Diepholz, Annerieke/Lindner, Eva-Maria (Hrsg.) (2008): Frühe Hilfen für Familien und soziale Frühwarnsysteme. Münster, New York, München, Berlin: Waxmann.

Beck, Ulrich/Bonß, Wolfgang (Hrsg.) (1989): Weder Sozialtechnologie noch Aufklärung? Analysen zur Verwendung sozialwissenschaftlichen Wissens. 1. Auflage. Frankfurt am Main: Suhrkamp.

Beckerle, Christine/Mackowiak, Katja/Koch, Katja/Löffler, Cordula/Heil, Julian/Pauer, Ina/Dapper-Saalfels, Tina von (2018): Der Einsatz von Sprachfördertechniken in unterschiedlichen Settings in Kindertageseinrichtungen. In: Frühe Bildung 7, H. 4, S. 215–222.

Becker-Stoll, Fabienne/Niesel, Renate/Wertfein, Monika (2020): Handbuch Kinder in den ersten drei Jahren. So gelingt Qualität in Krippe, Kita und Tagespflege. Freiburg, Basel, Wien: Herder.

Benner, Dietrich (1987): Allgemeine Pädagogik. Weinheim, Basel: Beltz.

Benner, Dietrich/Brüggen, Friedhelm (2004): Bildsamkeit/Bildung. In: Benner, Dietrich/Oelkers, Jürgen (Hrsg.): Historisches Wörterbuch der Pädagogik. Weinheim, Basel: Beltz Verlag, S. 174–215.

Bernfeld, Siegfried (2005): Sisyphos oder die Grenzen der Erziehung. 13. Auflage. Leipzig, Wien, Zürich: Suhrkamp.

Betz, Tanja (2015): Das Ideal der Bildungs- und Erziehungspartnerschaft. Kritische Fragen an eine verstärkte Zusammenarbeit zwischen Kindertageseinrichtungen, Grundschulen und Familien. Gütersloh: Bertelsmann Stiftung.

Betz, Tanja/Bischoff, Stefanie (2013): Risikokind und Risiko Kind. Konstruktionen von Risiken in politischen Berichten. In: Kelle, Helga/Mierendorff, Johanna (Hrsg.): Normierung und Normalisierung der Kindheit. Weinheim: Beltz, S. 60–81.

Betz, Tanja/Bischoff-Papst, Stefanie (2020): Perspektiven von Eltern auf Bildung und Erziehung. Zur symbolischen Macht von Leitbildern „guter" Elternschaft. In: Betz, Tanja/Bischoff-Papst, Stefanie/Moll, Frederick de (Hrsg.): Leitbilder guter Kindheit und ungleiches Kinderleben. Weinheim: Juventa Verlag, S. 153–177.

Beutin, Anna/Flämig, Katja/König, Anke (2018): Hilfearrangements in integrativen Kindertageseinrichtungen. Ethnografische Annäherungen an Teilhabe von Kindern im integrativen Alltag. In: Bloch, Bianca/Cloos, Peter/Koch, Sandra/Schulz, Marc/Smidt, Wilfried (Hrsg.): Kinder und Kindheiten. Frühpädagogische Perspektiven. Weinheim, Basel: Beltz Juventa, S. 165–176.

Bilgi, Oktay (2022): Pädagogische Konzepte und ethische Fragen der Mensch-Tier-Beziehung im Anthropozän. In: Schulz, Marc/Jester, Melanie/Kaiser-Kratzmann, Jens (Hrsg.): Kontinuität und Wandel in der Pädagogik der frühen Kindheit. Handlungsfelder, pädagogische Konzepte und Professionalisierung. Weinheim: Beltz Juventa, S. 115–129.

Bilgi, Oktay/Huf, Christina/Kluge, Markus/Stenger, Ursula/Stieve, Claus/Wehner, Ulrich (Hrsg.) (2023): Zur Verwobenheit von Natur und Kultur. Theoriebildung und Forschungsperspektiven in der Pädagogik der frühen Kindheit. Weinheim, Basel: Beltz Juventa.

Bilgi, Oktay/Sauerbrey, Ulf/Stenger, Ursula (Hrsg.) (2021a): Betreuung – ein frühpädagogischer Grundbegriff? Weinheim: Beltz.

Bilgi, Oktay/Sauerbrey, Ulf/Stenger, Ursula (2021b): Einführung in den Sammelband. In: Bilgi, Oktay/Sauerbrey, Ulf/Stenger, Ursula (Hrsg.): Betreuung – ein frühpädagogischer Grundbegriff? Weinheim: Beltz, S. 7–10.

Bilgi, Oktay/Stenger, Ursula (2021): Betreuung. Phänomenologische Notizen zu Sorgebeziehungen und -praktiken in der Pädagogik der frühen Kindheit. In: Bilgi, Oktay/Sauerbrey, Ulf/Stenger, Ursula (Hrsg.): Betreuung – ein frühpädagogischer Grundbegriff? Weinheim: Beltz.

Bilstein, Johannes/Westphal, Kristin (2018): Conditio humana, conditio animalis. In: Bilstein, Johannes/Westphal, Kristin (Hrsg.): Tiere – Pädagogisch-anthropologische Reflexionen. Wiesbaden: Springer Fachmedien Wiesbaden, S. 1–13.

Blaschke-Nacak, Gerald/Thörner, Uta (2019): Das Entwicklungsparadigma in der Pädagogik der Frühen Kindheit. In: Dietrich, Cornelie/Stenger, Ursula/Stieve, Claus (Hrsg.): Theoretische Zugänge zur Pädagogik der frühen Kindheit. Eine kritische Vergewisserung. Weinheim, Basel: Beltz Juventa. S. 35–45.

Bock-Famulla, Kathrin/Münchow, Anne/Sander, Felicitas/Akko, Davin Patrick/Schütz, Julia (2021): Länderreport frühkindliche Bildungssysteme 2021. Gütersloh: Verlag Bertelsmann Stiftung.

Bormann, Inka/Gregersen, Jan (2007): Kompetenzentwicklung und Innovation in der Wissensgesellschaft. In: Pongratz, Ludwig A./Reichenbach, Roland/Wimmer, Michael (Hrsg.): Bildung – Wissen – Kompetenz. Bielefeld: Janus-Software-Projekte, S. 44–63.

Bourdieu, Pierre (1985): Sozialer Raum und Klassen. Frankfurt am Main: Suhrkamp.

Brezinka, Wolfgang (1978): Metatheorie der Erziehung. Eine Einführung in die Grundlagen der Erziehungswissenschaft, der Philosophie der Erziehung und der praktischen Pädagogik. 4. Auflage. München, Basel: Ernst Reinhardt.

Brezinka, Wolfgang (1990): Grundbegriffe der Erziehungswissenschaft. Analyse, Kritik, Vorschläge. 5. Auflage. München, Basel: Ernst Reinhardt.

Brinkmann, Malte (2019): Phänomenologie und Pädagogik der frühen Kindheit. Erfahrungsstrukturen und Reflexionskategorien. In: Dietrich, Cornelie/Stenger, Ursula/Stieve, Claus (Hrsg.): Theoretische Zugänge zur Pädagogik der frühen Kindheit. Weinheim: Beltz Juventa, S. 151–168.

Brückner, Margit (2010): Care und Soziale Arbeit. Sorge im Kontext privater und öffentlicher Räume. In: Enzyklopädie Erziehungswissenschaft online (Hrsg.). Weinheim, Basel: Beltz Juventa, S. 1–26.

Bundesministerium für Familie, Senioren, Frauen und Jugend (2005): Zwölfter Kinder- und Jugendbericht. Bericht über die Lebenssituation junger Menschen und die Leistungen der Kinder- und Jugendhilfe in Deutschland. Berlin: BMFSFJ.

Bundesministerium für Familie, Senioren, Frauen und Jugend (2008): Bildung, Betreuung und Erziehung für Kinder unter drei Jahren – elterliche und öffentliche Sorge in gemeinsamer Verantwortung. Berlin: BMFSFJ.

Burzan, Nicole (2011): Soziale Ungleichheit. Eine Einführung in die zentralen Theorien. 4. Auflage. Wiesbaden: VS Verlag für Sozialwissenschaften.

Cameron, Claire/Moss, Peter (Hrsg.) (2020): Transforming Early Childhood in England. Towards a Democratic Education. London: UCL Press.

Clark, Alison (2020): Towards a listening ECEC system. In: Cameron, Claire/Moss, Peter (Hrsg.): Transforming Early Childhood in England. Towards a Democratic Education. London: UCL Press, S. 134–150.

Clark, Alison (2023): Slow Knowledge and the Unhurried Child. Time for Slow Pedagogies in Early Childhood Education. Milton: Taylor & Francis Group.

Clark, Alison/Nordtømme, Solveig (2018): Young children's perspectives of the material learning environment. In: Patterson, Catherine/Kocher, Laurie L. M. (Hrsg.): Pedagogies for children's perspectives. New York: Routledge.

Cloos, Peter/Richter, Annette (2018): Kindertagesbetreuung. In: Böllert, Karin (Hrsg.): Kompendium Kinder- und Jugendhilfe. Wiesbaden, Heidelberg: Springer VS, S. 805–823.

Cloos, Peter/Schulz, Marc (Hrsg.) (2011): Kindliches Tun beobachten und dokumentieren. Perspektiven auf die Bildungsbegleitung in Kindertageseinrichtungen. Weinheim, Basel: Beltz Juventa.

Cloos, Peter/Zehbe, Katja/Krähnert, Isabell (2020): Familie und Kindertageseinrichtungen. In: Ecarius, Jutta/Schierbaum, Anja (Hrsg.): Handbuch Familie. Wiesbaden: Springer Fachmedien Wiesbaden, S. 1–19.

Conradi, Elisabeth (2013): Ethik im Kontext sozialer Arbeit. In: Ethik Journal 1, H. 1, S. 1–19.

Crutzen, Paul J./Stoermer, Eugene F. (2000): The "Anthropocene". In: Global Change Newsletter 41, S. 17–18.

Dahrendorf, Ralf (1986): Über den Ursprung der Ungleichheit unter den Menschen. In: Dahrendorf, Ralf (Hrsg.): Pfade aus Utopia. München: Piper, S. 352–379.

Diehm, Isabell (2008): Kindergarten und Grundschule. Zur Strukturdifferenz zweier Erziehungs- und Bildungsinstitutionen. In: Helsper, Werner/Böhme, Jeanette (Hrsg.): Handbuch der Schulforschung. 2., durchgesehene und erweiterte Auflage. Wiesbaden: Springer VS, S. 557–575.

Dietrich, Cornelie/Wedemann, Jutta (2019): Betreuung – ein pädagogisch unterbestimmter Begriff. In: Dietrich, Cornelie/Stenger, Ursula/Stieve, Claus (Hrsg.): Theoretische Zugänge zur Pädagogik der frühen Kindheit. Eine kritische Vergewisserung. 1. Auflage. Weinheim: Beltz Juventa.

Dollinger, Sonja (2013): Diagnosegenauigkeit von ErzieherInnen und LehrerInnen. Einschätzung schulrelevanter Kompetenzen in der Übergangsphase. Wiesbaden: Springer VS.

Egert, Franziska/Dederer, Verena (2018): Metaanalyse zur Wirkung von Weiterbildungen für pädagogische Fachkräfte zur Steigerung der Interaktionsqualität. München: Staatsinstitut für Frühpädagogik.

Egert, Franziska/Hopf, Michaela (2018): Sprachliche Bildung und Förderung. In: Schmidt, Thilo/Smidt, Wilfried (Hrsg.): Handbuch empirische Forschung in der Pädagogik der frühen Kindheit. Münster, New York: Waxmann, S. 273–293.

Ehrenspeck, Yvonne (2004): Bildung. In: Krüger, Heinz-Hermann/Klafki, Wolfgang (Hrsg.): Wörterbuch Erziehungswissenschaft. Wiesbaden: VS Verlag für Sozialwissenschaften, S. 64–71.

Epstein, Joyce L. (1987): Parent Involvement. In: Education and Urban Society 19, H. 2, S. 119–136.

Eßer, Florian (2014): Agency Revisited. Relationale Perspektiven auf Kinder und ihre Handlungsfähigkeit. In: Zeitschrift für Soziologie der Erziehung und Sozialisation 34, H. 3, S. 233–246.

Farrenberg, Dominik (2020): Versorgen und Umsorgen. Institutionalisierte Sorgearbeit in pädagogischen Institutionen am Beispiel der Kindertageseinrichtung. In: Dietrich, Cornelie/Sanders, Olaf/Uhlendorf, Niels/Beiler, Frank (Hrsg.): Anthropologien der Sorge im Pädagogischen. 1. Auflage. Weinheim, Grünwald: Beltz Juventa, S. 179–189.

Farrenberg, Dominik/Schulz, Marc (2021): Öffentliche Betreuung – institutionalisierte Sorge. Kritische Anfragen an die ordnungsbildende Funktion eines Begriffs. In: Bilgi, Oktay/Sauerbrey, Ulf/Stenger, Ursula (Hrsg.): Betreuung – ein frühpädagogischer Grundbegriff? Weinheim: Beltz, S. 27–45.

Franke-Meyer, Diana/Reyer, Jürgen (2010): Das Verhältnis öffentlicher Kleinkindererziehung zur Familie und zur Schule aus historisch-systematischer Sicht. In: Cloos, Peter/Karner, Britta (Hrsg.): Erziehung und Bildung von Kindern als gemeinsames Projekt. Zum Verhältnis familialer Erziehung und öffentlicher Kinderbetreuung. Baltmannsweiler: Schneider-Verlag Hohengehren, S. 26–40.

Frost, Ursula (2019): Ist der Bildungsbegriff für die frühe Kindheit brauchbar? In: Schäfer, Gerd E./Dreyer, Rahel/Kleinow, Matthias/Erber-Schropp, Julia M. (Hrsg.): Bildung in der Frühen Kindheit. Bildungsphilosophische, Kognitionswissenschaftliche, Sozial- und Kulturwissenschaftliche Zugänge. Wiesbaden: Vieweg. S. 33–43.

Fthenakis, Wassilios E. (2006): Zur Neukonzeptualisierung von Bildung in der frühen Kindheit. In: Fthenakis, Wassilios E. (Hrsg.): Elementarpädagogik nach Pisa. Wie aus Kindertagesstätten Bildungseinrichtungen werden können. 5. Auflage. Freiburg im Breisgau: Herder, S. 18–37.

Gaßmann, Annegret (2021): Fremdbetreuung zwischen privat-familialer und öffentlich-institutioneller Betreuungssphäre. Eine analytische Auseinandersetzung mit dem Fremdbetreuungsdiskurs im Feld der Pädagogik der Kindheit. In: Bilgi, Oktay/Sauerbrey, Ulf/Stenger, Ursula (Hrsg.): Betreuung – ein frühpädagogischer Grundbegriff? Weinheim: Beltz, S. 114–138.

Göbel, Anika/Cloos, Peter/Hormann, Oliver (2021): Sprachförderliche Interaktionen von pädagogischen Fachkräften und Kindern im Alltag von Kindertageseinrichtungen. Ergebnisse der qualitativen Videoanalyse. In: Salisch, Maria von/Hormann, Oliver/Cloos, Peter/Koch, Katja/Mähler, Claudia (Hrsg.): Fühlen Denken Sprechen. Alltagsintegrierte Sprachbildung in Kindertageseinrichtungen. Münster, New York: Waxmann, S. 97–123.

Gramelt, Katja (2010): Der Anti-Bias-Ansatz. Wiesbaden: VS Verlag für Sozialwissenschaften.

Grell, Frithjof (2010): Über die (Un-)Möglichkeit, Früherziehung durch Selbstbildung zu ersetzen. In: Zeitschrift für Pädagogik 56, H. 2, S. 154–167 (auch online unter www.pedocs.de/volltexte/2013/7139/pdf/ZfPaed_2_2010_Grell_Ueber_die_UnMoeglichkeit.pdf (Abfrage: 20.10.2019)).

Griebel, Wilfried/Niesel, Renate (2021): Übergänge verstehen und begleiten. Transitionen in der Bildungslaufbahn von Kindern. 6. Auflage. Mühlheim an der Ruhr, Berlin: Verlag an der Ruhr; Cornelsen.

Großkopf, S. (2014): Soziale Ungleichheit – der Kindergarten als Allheilmittel. In: Neue Praxis, H. 1, S. 23–44.

Gutknecht, Dorothee (2020): Betreuung, Bildung und Erziehung von Klein(st)kindern in der Kita. In: Braches-Chyrek, Rita/Röhner, Charlotte/Sünker, Heinz/Hopf, Michaela (Hrsg.): Handbuch Frühe Kindheit. 2., aktualisierte und erweiterte Auflage. Opladen, Berlin, Toronto: Budrich, S. 581–594.

Hachfeld, Axinja/Anders, Yvonne/Kuger, Susanne/Smidt, Wilfried (2016): Triggering parental involvement for parents of different language backgrounds. The role of types of partnership activities and preschool characteristics. In: Early Child Development and Care 186, H. 1, S. 190–211.

Hansen, Rüdiger/Knauer, Raingard/Sturzenhecker, Benedikt (2011): Partizipation in Kindertageseinrichtungen. So gelingt Demokratiebildung mit Kindern! Weimar, Berlin: Verlag Das Netz.

Heimlich, Ulrich (2013): Kinder mit Behinderung. Anforderungen an eine inklusive Frühpädagogik; eine Expertise der Weiterbildungsinitiative Frühpädagogische Fachkräfte (WiFF). München: Deutsches Jugendinstitut.

Hengst, Heinz (2013): Kindheit im 21. Jahrhundert. Differenzielle Zeitgenossenschaft. Weinheim: Beltz Juventa.

Hering, Sabine/Schroer, Wolfgang (Hrsg.) (2008): Sorge um die Kinder. Beiträge zur Geschichte von Kindheit, Kindergarten und Kinderfürsorge. Weinheim, München: Juventa.

Heydorn, Heinz-Joachim (1995): Bildungstheoretische und pädagogische Schriften. Vaduz, Liechtenstein: Topos.

Hochschild, Arlie Russell (2012): The second shift. Working families and the revolution at home. New York: Penguin Books.

Homfeld, Hans-Günther, Schneider, Marie (2008): Betreuung. In: Coelen, Thomas/Otto, Hans-Uwe (Hrsg.): Grundbegriffe Ganztagsbildung. Das Handbuch. Wiesbaden: VS Verlag für Sozialwissenschaften.

Honig, Michael-Sebastian (2004): Wie bewirkt Pädagogik, was sie leistet? Ansatz und Fragestellung der Trierer Kindergarten-Studie. In: Honig, Michael-Sebastian/Joos, Magdalena/Schreiber, Norbert/Betz, Tanja (Hrsg.): Was ist ein guter Kindergarten? Theoretische und empirische Analysen zum Qualitätsbegriff in der Pädagogik. Weinheim: Juventa.

Honig, Michael-Sebastian (2015): Vorüberlegungen zu einer Theorie institutioneller Kleinkinderziehung. In: Cloos, Peter/Koch, Katja/Mähler, Claudia (Hrsg.): Entwicklung und Förderung in der frühen Kindheit. Interdisziplinäre Perspektiven. Weinheim, Basel: Beltz Juventa, S. 43–57.

Hormann, Oliver/Neugebauer, Lukas/Koch, Katja (2021): Entwicklung der Dialogstrukturen und Sprachlehrstrategien der pädagogischen Fachkräfte. In: Salisch, Maria von/Hormann, Oliver/Cloos, Peter/Koch, Katja/Mähler, Claudia (Hrsg.): Fühlen Denken Sprechen. Alltagsintegrierte Sprachbildung in Kindertageseinrichtungen. Münster, New York: Waxmann, S. 81–96.

Horn, Eva/Bergthaller, Hannes (2022): Anthropozän zur Einführung. 3., überarbeitete Auflage. Hamburg: Junius.

Hünersdorf, Bettina (2021): Betreuung als „entleerte" Sorge? Ein phänomenologischer-existenzialanalytischer Versuch. In: Bilgi, Oktay/Sauerbrey, Ulf/Stenger, Ursula (Hrsg.): Betreuung – ein frühpädagogischer Grundbegriff? Weinheim: Beltz, S. 46–59.

Jergus, Kerstin/Thompson, Christiane (2015): Innovation im Horizont frühkindlicher Bildung? In: Zeitschrift für Pädagogik 61, H. 6, S. 808–822.

Jergus, Kerstin/Thompson, Christiane (Hrsg.) (2017): Autorisierungen des pädagogischen Selbst. Studien zu Adressierungen der Bildungskindheit. Wiesbaden: Springer VS.

Jung, Edita/Gels, Annika (2019): Vernetzung von KiTas im Sozialraum und darüber hinaus. Osnabrück: nifbe.

Kaul, Ina (2019): Bildungskonzepte von Pädagoginnen in Kindertageseinrichtungen. Eine empirischrekonstruktive Untersuchung biografischer Wege. Wiesbaden: Springer Fachmedien.

Kaul, Ina (2020): Kindheit zwischen Zumutung und Eigensinn. Kindheitsvorstellungen von Pädagoginnen. In: Ritter, Bettina/Schmidt, Friederike (Hrsg.): Sozialpädagogische Kindheiten und Jugenden. 1. Auflage. Weinheim, Basel, Grünwald: Beltz Juventa, S. 210–224.

Kelle, Helga (2010): Kinder unter Beobachtung. Kulturanalytische Studien zur pädiatrischen Entwicklungsdiagnostik. Opladen: Barbara Budrich.

Kelle, Helga (2018): Entgrenzung der vorschulischen Diagnostik. In: Zeitschrift für Grundschulforschung 11, H. 1, S. 85–100.

Keupp, Heiner (2011): Verwirklichungschancen von Anfang an. Frühe Förderung als Beitrag zur Befähigungsgerechtigkeit. In: Robert, Günther/Pfeifer, Kristin/Drößler, Thomas (Hrsg.): Aufwachsen in Dialog und sozialer Verantwortung. Bildung – Risiken – Prävention in der frühen Kindheit, S. 49–70.

Klafki, Wolfgang (2007): Neue Studien zur Bildungstheorie und Didaktik. Zeitgemäße Allgemeinbildung und kritisch-konstruktive Didaktik. 6. Auflage. Weinheim, Basel: Beltz Verlagsgruppe.

Klafki, Wolfgang/Braun, Karl-Heinz (2007): Wege pädagogischen Denkens. Ein autobiografischer und erziehungswissenschaftlicher Dialog. München: Reinhardt.

Klinkhammer, Nicole (2010): Frühkindliche Bildung und Betreuung im ‚Sozialinvestitionsstaat' – mehr Chancengleichheit durch investive Politikstrategien? In: Bühler-Niederberger, Doris (Hrsg.): Kindheit zwischen fürsorglichem Zugriff und gesellschaftlicher Teilhabe. 1. Auflage. Wiesbaden: VS Verlag für Sozialwissenschaften, S. 205–228.

Klinkhammer, Nicole (2014): Kindheit im Diskurs. Kontinuität und Wandel in der deutschen Bildungs- und Betreuungspolitik. Marburg: Tectum.

Klucznik, Katharina/Roßbach, Hans-Günther/Große, Christiane (2010): Fördermöglichkeiten im Kindergarten. Ein Systematisierungsversuch. In: Diller, Angelika/Leu, Hans Rudolf/Rauschenbach, Thomas (Hrsg.): Wie viel Schule verträgt der Kindergarten? Annäherung zweier Lernwelten. München: Verlag Deutsches Jugendinstitut, S. 133–152.

Koch, Sandra (2017): Das Kind als Medium von Bildung. Autorisierungen eines veränderten frühpädagogischen Handelns. In: Jergus, Kerstin/Thompson, Christiane (Hrsg.): Autorisierungen des pädagogischen Selbst. Studien zu Adressierungen der Bildungskindheit. Wiesbaden: Springer VS, S. 177–199.

Koch, Sandra/Schulz, Marc (2019): Bildungslandschaften. Zur Verräumlichung früher Bildung. In: Dietrich, Cornelie/Stenger, Ursula/Stieve, Claus (Hrsg.): Theoretische Zugänge zur Pädagogik der frühen Kindheit. Weinheim: Beltz Juventa, S. 384–397.

Kokemohr, Rainer (2014): Indexikalität und Verweisräume in Bildungsprozessen. In: Koller, Hans-Christoph/Wulftange, Gereon (Hrsg.): Lebensgeschichte als Bildungsprozess? Perspektiven bildungstheoretischer Biographieforschung. Bielefeld: transcript, S. 19–46.

Koller, Hans-Christoph (2012a): Bildung anders denken. Einführung in die Theorie transformatorischer Bildungsprozesse. Stuttgart: Kohlhammer.

Koller, Hans-Christoph (2012b): Grundbegriffe, Theorien und Methoden der Erziehungswissenschaft. Eine Einführung. 6. Auflage. Stuttgart: Kohlhammer.

König, Anke (2007): Dialogisch-entwickelnde Interaktionsprozesse als Ausgangspunkt für die Bildungsarbeit im Kindergarten. In: Bildungsforschung 4, H. 1, S. 1–21.

König, Anke (2009): Interaktionsprozesse zwischen Erzieherinnen und Kindern. Eine Videostudie aus dem Kindergartenalltag. Wiesbaden: VS Verlag für Sozialwissenschaften.

König, Anke (2021a): Instruktion und Konstruktion. Reduktionistische Erziehungsvorstellungen oder Impulse für eine veränderte pädagogische Praxis? Eine erziehungswissenschaftliche Reflexion. In: Zaugg, Alexandra/Chiavaro-Jörg, Petra/Dütsch, Thomas/Amberg, Lucia/Fasseing Heim, Karin/Lehner, Ruth/Streit, Christine/Wannack, Evelyne (Hrsg.): Individualisierung im Spannungsfeld von Instruktion und Konstruktion. Kompetenzförderung durch spielbasiertes Lernen bei vier- bis achtjährigen Kindern. Münster, New York: Waxmann, S. 15–33.

König, Anke (Hrsg.) (2021b): Wissenschaft für die Praxis. Erträge und Reflexionen zum Handlungsfeld Frühe Bildung. 1. Auflage. Weinheim: Beltz Juventa.

König, Anke/Stenger, Ursula/Weltzien, Dörthe (2013): Einführung: Interaktion im frühpädagogischen Diskurs. In: Fröhlich-Gildhoff, Klaus/Nentwig-Gesemann, Iris/König, Anke/Stenger, Ursula/Weltzien, Dörthe (Hrsg.): Forschung in der Frühpädagogik. 6. Interaktion zwischen Fachkräften und Kindern. Freiburg im Breisgau: FEL-Verlag Forschung-Entwicklung-Lehre, S. 11–34.

Koring, Bernhard (1990): Einführung in die moderne Erziehungswissenschaft und Bildungstheorie. Denkanstöße für Studienanfänger. Weinheim: Deutscher Studien-Verlag.

Krähnert, Isabell (2020): Inklusion im frühpädagogischen Handlungsfeld – Resonanzen der ‚Aktivgesellschaft'? In: Dietze, Torsten/Gloystein, Dietlind/Moser, Vera/Piezunka, Anne/Röbenack, Laura/Schäfer, Lea/Walm, Maik/Wachtel, Grit (Hrsg.): Inklusion – Partizipation – Menschenrechte. Transformationen in die Teilhabegesellschaft? Bad Heilbrunn: Julius Klinkhardt, S. 186–194.

Krähnert, Isabell/Zehbe, Katja/Cloos, Peter (2022): Polyvalenz und Vulneranz. Empirische Perspektiven auf inklusionsorientierte Übergangsgestaltung in Elterngesprächen. Weinheim, Basel: Beltz Juventa.

Krais, Beate/Gebauer, Gunter (2002): Habitus. Bielefeld: transcript.

Kratzmann, Jens (2018): Eine domänenspezifische Betrachtung des Lernens von Kindern vor dem Hintergrund der Reproduktion von Bildungsungleichheit. In: Bloch, Bianca/Cloos, Peter/Koch, Sandra/Schulz, Marc/Smidt, Wilfried (Hrsg.): Kinder und Kindheiten. Frühpädagogische Perspektiven. Weinheim, Basel: Beltz Juventa, S. 252–266.

Kron, Friedrich W. (1996): Grundwissen Pädagogik. 5. verbesserte Auflage. München: Reinhardt.

Kron, Friedrich W. (2009): Grundwissen Pädagogik. 7., vollständig überarbeitete und erweiterte Auflage. München: Reinhardt.

Kuhn, Melanie (2021): Differenz als grundlegender Bezugspunkt Forschenden Lernens. In: Lochner, Barbara/Kaul, Ina/Gramelt, Katja (Hrsg.): Didaktische Potenziale qualitativer Forschung in der kindheitspädagogischen Lehre. Weinheim: Beltz Juventa, S. 56–70.

Kunze, Hans-Rainer/Gisbert, Kristin (2007): Förderung lernmethodischer Kompetenzen in Kindertageseinrichtungen. In: Bundesministerium für Bildung und Forschung (Hrsg.): Auf den Anfang kommt es an. Perspektiven für eine Neuorientierung frühkindlicher Bildung. Bildungsforschung Band 16. Bonn, Berlin: BMBF, S. 16–117.

Laewen, Hans-Joachim/Andres, Beate (2005): Bildung und Erziehung in der frühen Kindheit. Bausteine zum Bildungsauftrag von Kindertageseinrichtungen. 4. Auflage. Weinheim: Beltz.

Land, Nicole/Vintimilla, Cristina Delgado/Pacini-Ketchabaw, Veronica/Angus, Lucille (2022): Propositions toward educating pedagogists: Decentering the child. In: Contemporary Issues in Early Childhood 23, H. 2, S. 109–121.

Lange, Andreas (2013): Frühkindliche Bildung: Soziologische Theorien und Ansätze. In: Stamm, Margrit/Edelmann, Doris (Hrsg.): Handbuch frühkindliche Bildungsforschung. Wiesbaden: Springer VS, S. 71–84.

Langewand, Alfred (1994): Bildung. In: Lenzen, Dieter (Hrsg.): Erziehungswissenschaft. Ein Grundkurs. Reinbek bei Hamburg: Rowohlt, S. 204–208.

Lee, Nick (2020): Studying Anthropocene Childhoods: Which Materialism? In: Bollig, Sabine/Alberth, Lars/Schindler, Larissa (Hrsg.): Materialitäten der Kindheit. Körper – Dinge – Räume. Wiesbaden, Heidelberg: Springer VS, S. 15–29.

Lenzen, Dieter (1997): Lösen die Begriffe Selbstorganisation, Autopoiesis und Emergenz den Bildungsbegriff ab? In: Zeitschrift für Pädagogik 43, H. 6, S. 985–998.

Liebel, Manfred/Meade, Philip (2023): Adultismus. Die Macht der Erwachsenen über die Kinder: eine kritische Einführung. Berlin: Bertz + Fischer.

Liegle, Ludwig (2002): Die besonderen Strukturmerkmale frühkindlicher Bildungsprozesse. In: Liegle, Ludwig/Treptow, Rainer (Hrsg.): Welten der Bildung in der Pädagogik der frühen Kindheit und in der Sozialpädagogik. Freiburg im Breisgau: Lambertus, S. 51–64.

Liegle, Ludwig (2013): Frühpädagogik. Erziehung und Bildung kleiner Kinder. Ein dialogischer Ansatz. Stuttgart: Kohlhammer.

Liegle, Ludwig (2014): Pädagogik der frühen Kindheit – Erziehung und Bildung. In: Braches-Chyrek, Rita/Röhner, Charlotte/Sünker, Heinz/Hopf, Michaela (Hrsg.): Handbuch Frühe Kindheit. Opladen, Berlin, Toronto: Budrich, S. 27–41.

Lochner, Barbara/Hellmann, Maria/Thole, Werner (2020): Pädagogische Professionalität und Professionalisierung. In: Braches-Chyrek, Rita/Röhner, Charlotte/Sünker, Heinz/Hopf, Michaela (Hrsg.): Handbuch Frühe Kindheit. 2., aktualisierte und erweiterte Auflage. Opladen, Berlin, Toronto: Budrich, S. 513–527.

Lorber, Katharina (2012): Erziehung und Bildung von Kleinkindern. Historische Entwicklungen und elementarpädagogische Handlungskonzepte. 2., überarbeitete Auflage. Hamburg: Diplomica.

Mähler, Claudia/Cloos, Peter/Schuchardt, Kirsten/Zehbe, Katja (2022): Hochbegabung und soziale Ungleichheit in der frühen Kindheit. 2. Auflage. Weinheim: Juventa.

Meyer, Sarah (2018): Soziale Differenz in Bildungsplänen für die Kindertagesbetreuung. Eine diskursiv gerahmte Dokumentenanalyse. Wiesbaden: Springer VS.

Mierendorff, Johanna/Ostner, Ilona (2014): Kinder im Wohlfahrtsstaat. Leitbilder der aktuellen Sozialpolitik. In: Bühler-Niederberger, Doris (Hrsg.): Kinderschutz. Wie kindzentriert sind Programme, Praktiken, Perspektiven? Weinheim: Beltz Juventa, S. 200–221.

Mierendorff, Johanna (2019): Die Frage nach einem politischen und einem ökonomischen Paradigma in der Pädagogik der frühen Kindheit. Diskussion eines neuen Zugangs. In: Dietrich, Cornelie/Stenger, Ursula/Stieve, Claus (Hrsg.): Theoretische Zugänge zur Pädagogik der frühen Kindheit. Weinheim: Beltz Juventa, S. 78–94.

Miller, Max (1989): Systematisch verzerrte Legitimationsdiskurs. In: Eder, Klaus (Hrsg.): Klassenlage, Lebensstil und kulturelle Praxis. Beiträge zur Auseinandersetzung mit Pierre Bourdieus Klassentheorie. Frankfurt am Main: Suhrkamp, S. 191–220.

Moll, Frederick de (2020): Milieuspezifische Bildungs- und Betreuungsarrangements und elterliche Sollensvorstellungen in der frühen Kindheit. In: Betz, Tanja/Bischoff-Papst, Stefanie/Moll, Frederick de (Hrsg.): Leitbilder guter Kindheit und ungleiches Kinderleben. Weinheim: Beltz Juventa, S. 90–116.

Mollenhauer, Klaus (1972): Theorien zum Erziehungsprozeß. Zur Einführung in erziehungswissenschaftliche Fragestellungen. München: Juventa.

Mollenhauer, Klaus (1973): Erziehung und Emanzipation. Polemische Skizzen. 6. Auflage. München: Juventa.

Moss, Peter (2014): Transformative Change and Real Utopias in Early Childhood Education. A story of democracy, experimentation and potentiality. London, New York: Routledge.

Moss, Peter/Cameron, Claire (2020): Introduction: The state we're in. In: Cameron, Claire/Moss, Peter (Hrsg.): Transforming Early Childhood in England. Towards a Democratic Education. London: UCL Press, S. 1–18.

Neumann, Sascha (2014): Bildungskindheit als Professionalisierungsprojekt. In: Betz, Tanja/Cloos Peter (Hrsg.): Kindheit und Profession. Konturen und Befunde eines Forschungsfeldes. Weinheim und Basel: Beltz Juventa, S. 145–159.

Nittel, Dieter (2022): Wo bleiben die Beschäftigten? Der Bildungsbericht 2022 und die Last der Ideologie HLZ, H. 11, S. 24–25.

Oelkers, Jürgen (2001): Einführung in die Theorie der Erziehung. Weinheim, Basel: Beltz.

Picht, Georg (1964): Die Deutsche Bildungskatastrophe. Analysen und Dokumentationen. Freiburg: Walter.

Poliakova, Antonina/Stenger, Ursula/Zirves, Michèle (2021): Zur Konstitution pädagogischer Räume. Eine phänomenologische Analyse des Verhältnisses pädagogischer Intentionen und Erfahrungen von Kindern. In: Weltzien, Dörte/Wadepohl, Heike/Nentwig-Gesemann, Iris/Gross, Barbara (Hrsg.): Frühpädagogischen Alltag gestalten und erleben II. Freiburg im Breisgau: FEL Verlag Forschung – Entwicklung – Lehre, S. 113–143.

Pramling Samuelsson, Ingrid/Asplund Carlsson, Maj (2007): Spielend lernen. Stärkung lernmethodischer Kompetenzen. Troisdorf: Bildungsverlag Eins.

Prengel, Annedore (2010): Inklusion in der Frühpädagogik. Bildungstheoretische, empirische und pädagogische Grundlagen; Expertise für das Projekt Weiterbildungsinitiative Frühpädagogischer Fachkräfte (WiFF); München: DJI.

Prengel, Annedore (2019): Pädagogik der Vielfalt. Wiesbaden: Springer Fachmedien.

Radtke, Frank-Olaf (2003): Die Erziehungswissenschaft der OECD – Aussichten auf die neue Performanz-Kultur. In: Erziehungswissenschaft 14, H. 27, S. 109–136.

Rank, Astrid/Wildemann, Anja/Pauen, Sabina/Hartinger, Andreas/Tietze, Sabrina/Kästner, Rahel (2018): Frühe Schritte in Wissenschaft und Alphabetisierung – EASI Science-L Naturwissenschaftliche Bildung in der Kita: Gestaltung von Lehr-Lern-Situationen, sprachliche Anregungsqualität und sprachliche sowie naturwissenschaftliche Fähigkeiten der Kinder. In: Anders, Yvonne/Barenthien, Julia/Hardy, Ilonca/Hartinger, Andreas/Kästner, Rahel/Leuchter, Miriam/Oppermann, Elisa/Pauen, Sabina/Rank, Astrid (Hrsg.): Wirkungen naturwissenschaftlicher Bildungsangebote auf pädagogische Fachkräfte und Kinder. Opladen, Berlin, Toronto: Barbara Budrich, 138–193.

Rauschenbach, Thomas (2011): Alltagsbildung – die andere Seite der Bildung. In: Krüger, Michael/Neuber, Nils (Hrsg.): Bildung im Sport. Wiesbaden: VS Verlag für Sozialwissenschaften, S. 35–52.

Reyer, Jürgen (2006): Einführung in die Geschichte des Kindergartens und der Grundschule. Bad Heilbrunn/Obb.: Klinkhardt.

Ricken, Norbert (2000): Erziehung und Anerkennung. Anmerkungen zur Konstitution des pädagogischen Problems. In: Vierteljahrsschrift für wissenschaftliche Pädagogik 82, H. 2, S. 215–230.

Rieger-Ladich, Markus (2020): Bildungstheorien zur Einführung. 2., ergänzte Auflage. Hamburg: Junius.

Rißmann, Michaela/Hellmann, Maria/Lochner, Barbara/Thole, Werner (2014): Pädagogische Professionalität und Professionalisierung in den außerfamilialen Angeboten der Pädagogik der Kindheit. In: Braches-Chyrek, Rita/Röhner, Charlotte/Sünker, Heinz/Hopf, Michaela (Hrsg.): Handbuch Frühe Kindheit. Opladen, Berlin, Toronto: Budrich, S. 463–477.

Robert, Günther/Pfeifer, Kristin/Drößler, Thomas (Hrsg.) (2011): Aufwachsen in Dialog und sozialer Verantwortung. Bildung – Risiken – Prävention in der frühen Kindheit. Wiesbaden: VS Verlag für Sozialwissenschaften.

Röhner, Charlotte (2022): Kindergarten oder Schule? Historische und aktuelle Diskurslinien zum Verhältnis von Elementar- und Primarpädagogik. In: Franke-Meyer, Diana/Kasüschke, Dagmar/Braches-Chyrek, Rita (Hrsg.): Geschichte der Pädagogik der frühen Kindheit. Vergessene Zusammenhänge. Leverkusen: Barbara Budrich, S. 33–55.

Rosa, Hartmut (2022): Resonanz. Eine Soziologie der Weltbeziehung. 6. Auflage. Berlin: Suhrkamp.

Roßbach, Hans-Günther/Sechtig, Jutta/Schmidt, Thilo (2012): Pädagogik der Frühen Kindheit und Kindertageseinrichtungen. In: Thole, Werner (Hrsg.): Grundriss Soziale Arbeit. Ein einführendes Handbuch. 4. Auflage. Wiesbaden: VS Verlag für Sozialwissenschaften, S. 461–467.

Sauerbrey, Ulf (2020): Normativität als Problem frühpädagogischer Theorien. Ein dokumentenanalytischer Ordnungsversuch. In: Großkopf, Steffen/Winkler, Michael (Hrsg.): Reform als Produktion. Ideologiekritische Blicke auf die Pädagogik. Baden-Baden: Ergon, S. 31–46.

Schäfer, Gerd E. (2002): Selbst-Bildung in der frühen Kindheit als Verkörperung von Erkenntnistheorie. In: Uhlendorff, Harald/Oswald, Hans (Hrsg.): Wege zum Selbst. Soziale Herausforderungen für Kinder und Jugendliche. Stuttgart: Lucius und Lucius, S. 75–98.

Schäfer, Gerd E. (2005): Bildungsprozesse im Kindesalter. Selbstbildung, Erfahrung und Lernen in der frühen Kindheit. 3. Auflage. Weinheim, München: Juventa.

Schäfer, Gerd E. (2011): Was ist frühkindliche Bildung? Kindlicher Anfängergeist in einer Kultur des Lernens. Weinheim, Basel: Beltz Juventa.

Schäfer, Gerd E./Alemzadeh, Marjan (2012): Wahrnehmendes Beobachten. Beobachtungen und Dokumentation am Beispiel der Lernwerkstatt Natur. Weimar, Berlin: Verlag Das Netz.

Schäfers, Maria Sophie/Wegner, Claas (2020): Diagnose und Förderung von naturwissenschaftlicher Begabung in der Kita. Darstellung des aktuellen Forschungsstands. In: Diskurs Kindheits- und Jugendforschung/Discourse Journal of Childhood and Adolescence Research 15, 1-2020, S. 70–86.

Schelle, Regine (2015): Die Bedeutung der Fachkraft im frühkindlichen Bildungsprozess – Didaktik im Elementarbereich. In: Weiterbildungsinitiative Frühpädagogische Fachkräfte (Hrsg.): Frühe Bildung – Bedeutung und Aufgaben der pädagogischen Fachkraft. Ein Wegweiser der Weiterbildungsinitiative Frühpädagogische Fachkräfte. München: DJI, S. 15–68.

Schnerring, Almut/Verlan, Sascha (2020): Equal Care. Über Fürsorge und Gesellschaft. 1. Auflage. Berlin: Verbrecher Verlag.

Schulz, Marc (2015): Informelles Lernen, Alltagsbildung und (frühes) Kindesalter. Bildungspolitische und erziehungswissenschaftliche Konturen einer zentralen Dimension kindlichen Lernens. In: Stenger, Ursula/Edelmann, Doris/König, Anke (Hrsg.): Erziehungswissenschaftliche Perspektiven in frühpädagogischer Theoriebildung und Forschung. Weinheim, Basel: Beltz-Juventa, S. 84–101.

Schulz, Marc (2016): Informelles Lernen in der Kindheit. In: Harring, Marius/Witte, Matthias D./Burger, Timo (Hrsg.): Handbuch informelles Lernen. Interdisziplinäre und internationale Perspektiven. Weinheim: Beltz Juventa, S. 318–330.

Schulz, Marc/Cloos, Peter (2013): Beobachtung und Dokumentation von Bildungsprozessen. In: Stamm, Margrit/Edelmann, Doris (Hrsg.): Handbuch frühkindliche Bildungsforschung. Wiesbaden: Springer VS, S. 787–800.

Simon, Stephanie (2021): Zur Individualisierung und Naturalisierung von Bildungsungleichheiten. In: SLR 82, S. 66–71.

Spahn-Skrotzki, Gudrun (2010): Bildung zur Verantwortung gegenüber dem Leben. Fächerübergreifender Unterricht als Weg zu verantwortlichem Handeln im ökologischen und bioethischen Kontext. Bad Heilbrunn: Klinkhardt.

Spyrou, Spyros (2018): Disclosing childhoods. Research and knowledge production for a critical childhood studies. London, United Kingdom: Palgrave Macmillan.

Stenger, Ursula (2015): Erziehung (in früher Kindheit). Ein phänomenologischer Zugang. In: Stenger, Ursula/Edelmann, Doris/König, Anke (Hrsg.): Erziehungswissenschaftliche Perspektiven in frühpädagogischer Theoriebildung und Forschung. Weinheim, Basel: Beltz-Juventa, S. 39–67.

Stenger, Ursula (2019): Sozialität. Mit anderen sein. In: Dietrich, Cornelie/Stenger, Ursula/Stieve, Claus (Hrsg.): Theoretische Zugänge zur Pädagogik der frühen Kindheit. Weinheim: Beltz Juventa, S. 271–287.

Stieve, Claus (2013): Anfänge der Bildung. Bildungstheoretische Grundlagen der Pädagogik der frühen Kindheit. In: Stamm, Margrit/Edelmann, Doris (Hrsg.): Handbuch frühkindliche Bildungsforschung. Wiesbaden: Springer VS, S. 51–70.

Stieve, Claus (2019): Vom „bildenden Leben". In: Dietrich, Cornelie/Stenger, Ursula/Stieve, Claus (Hrsg.): Theoretische Zugänge zur Pädagogik der frühen Kindheit. Weinheim: Beltz Juventa, S. 184–202.

Sünker, Heinz (2010): Soziale Arbeit und Bildung. In: Thole, Werner (Hrsg.): Grundriss soziale Arbeit. Ein einführendes Handbuch. 3., überarbeitete und erweiterte Auflage. Wiesbaden: VS Verlag für Sozialwissenschaften, S. 249–266.

Suzuki, Shoko/Wulf, Christoph (2022): Zur Einführung: Pandemien im Anthropozän. In: Paragrana 30, H. 2, S. 11–14.

Taylor, Affrica/Blaise, Mindy/Giugni, Miriam (2012): Haraway's 'bag lady story-telling': relocating childhood and learning within a 'post-human landscape'. In: Discourse: Studies in the Cultural Politics of Education 34, H. 1, S. 48–62.

Thole, Werner (2013): Bildung – theoretische und konzeptionelle Überlegungen. In: Hafeneger, Benno (Hrsg.): Handbuch außerschulische Jugendbildung. Grundlagen, Handlungsfelder, Akteure. 2., ergänzte und überarbeitete Auflage. Schwalbach/Ts.: Wochenschau, S. 67–86.

Töpfer, Tom/Karner, Britta/Cloos, Peter (2023): Vernetzung(en) als Auftrag an Kindertageseinrichtungen. In: Frühe Bildung 12, H. 1, S. 4–12.

Viernickel, Susanne/Edelmann, Doris/Hoffmann, Hilmar/König, Anke (Hrsg.) (2012): Krippenforschung. Methoden, Konzepte, Beispiele. München, Basel: Ernst Reinhardt.

Viernickel, Susanne/Völkel, Petra (2022): Beobachten und Dokumentieren im pädagogischen Alltag. Freiburg: Herder.

Viernickel, Susanne/Weltzien, Dörte (2023): Bildungspläne und -programme für den Elementarbereich. In: Frühe Bildung 12, H. 1, S. 1–3.

Wehner, Ulrich (2019): Frühkindliche Erziehung. In: Dietrich, Cornelie/Stenger, Ursula/Stieve, Claus (Hrsg.): Theoretische Zugänge zur Pädagogik der frühen Kindheit. Weinheim: Beltz Juventa, S. 435–451.

Wehner, Ulrich (2021): Frühe Bildung, Betreuung und Erziehung – programmatisch mittendrin, theoretisch marginalisiert. Über Schwierigkeiten und Möglichkeiten, Betreuung systematisch als ein (früh)pädagogisch vollwertiges Moment zu achten. In: Bilgi, Oktay/Sauerbrey, Ulf/Stenger, Ursula (Hrsg.): Betreuung – ein frühpädagogischer Grundbegriff? Weinheim: Beltz, S. 12–26.

Wertfein, Monika/Müller, Kerstin/Kofler, Anita (2012): Kleine Kinder – großer Anspruch 2010! Zweite IFP-Krippenstudie zur Qualitätssicherung in Tageseinrichtungen für Kinder unter drei Jahren. IFP-Projektbericht 18/ 2012. München: ifp.

Wildgruber, Andreas/Wertfein, Monika/Wirts, Claudia/Kammermeier, Marina/Danay, Erik (2016): Situative Unterschiede der Interaktionsqualität im Verlauf des Kindergartenalltags. In: Frühe Bildung 5, H. 4, S. 206–213.

Winker, Gabriele (2015): Care Revolution. Schritte in eine solidarische Gesellschaft. Bielefeld: transcript.

Wulf, Christoph (2020): Bildung als Wissen vom Menschen im Anthropozän. 1. Auflage. Weinheim: Beltz Juventa.

Wulf, Christoph/Zirfas, Jörg (2007): Performative Pädagogik und performative Bildungstheorien. In: Wulf, Christoph (Hrsg.): Pädagogik des Performativen. Theorien, Methoden, Perspektiven. Weinheim: Beltz, S. 8–12.

Zehbe, Katja (2021): Individuelle Förderung als pädagogisches Programm der frühkindlichen institutionellen und inklusiven Bildung. Eine rekonstruktive Studie zu Orientierungen von pädagogischen Fachkräften in Kindertageseinrichtungen. Weinheim: Beltz Juventa.

Zehbe, Katja/Cloos, Peter (2021): Normfokussierungen. Empirische Perspektiven auf Elterngespräche in inklusiven Kindertageseinrichtungen. In: Zeitschrift für Inklusion, H. 4 (auch online unter www.inklusion-online.net/index.php/inklusion-online/article/view/609/459 (Abfrage 5.1.2023)).

Zirfas, Jörg (2011): Bildung. In: Kade, Jochen/Helsper, Werner/Lüders, Christian/Egloff, Birte/Radtke, Frank-Olaf/Thole, Werner (Hrsg.): Erziehungswissenschaft. Ein Grundkurs in 30 Stichworten. Stuttgart: Kohlhammer. S. 13–20.

9 Anhang

9.1 Bildung in den Ausführungsgesetzen der Länder I kommentierende Darstellung

Die folgenden beschreibenden und kommentierenden Darstellungen zu den in den Gesetzestexten auffindbaren Formulierungen und Bezugnahmen zu Bildung und der pädagogischen Trias sind explorativ angelegt. Sie folgen begrifflichen Kategorien, entlang der Trias Bildung, Betreuung und Erziehung, und wurden ergänzt um die Begriffe Pflege, Sorge/Fürsorge und Förderung. Darüber hinaus folgt die Analyse Fragen der Akteur:innenschaft und der Rolle der im Handlungsfeld Agierenden.

9.1.1 BADEN-WÜRTTEMBERG

Das „Gesetz über die Betreuung und Förderung von Kindern in Kindergärten, anderen Tageseinrichtungen und der Kindertagespflege" (KiTaG) in der zuletzt geänderten Fassung im Februar 2020 greift die Trias Betreuung, Erziehung und Bildung im Kern in § 2 Abs. 1 in Anlehnung an § 22 SGB VIII auf. Die Leistung wird dreigliedrig differenziert und umfasst die Förderung der Entwicklung des Kindes zu einer „eigenverantwortlichen und gemeinschaftsfähigen Persönlichkeit" (1). Insbesondere Erziehung und Bildung sind dabei als familienunterstützend und ergänzend gerahmt (2) und sollen zudem die Vereinbarkeit der Erwerbsarbeit und Kindererziehung ermöglichen (3). Im letzten Satz des Absatzes wird Betreuung neben Erziehung und Bildung genannt, die alle drei in den Dienst der Förderung der kindlichen „Gesamtentwicklung" gestellt werden. Den Gemeinden obliegt insgesamt die Aufgabe der Förderung von Kindern in Tageseinrichtungen und der Kindertagespflege, die als bedarfsgerechte Angebote vorzuhalten sind (§ 3 Abs. 1). Der Förderauftrag richtet sich an Institutionen bzw. institutionalisierte Betreuungsformen (§§ 1, 2), die Kinder und Kinder mit Behinderung bis zum Schuleintritt in ihrer Entwicklung begleiten, für Letztere wird eine „zusätzliche Förderung" (§ 1 Abs. 4) sowie „zusätzliche Betreuung" (§ 2 Abs. 2) genannt. Kinder mit (drohender) Behinderung sollen eine „Teilhabe an frühkindlicher Bildung" erfahren, die als interdisziplinäre, sonderpädagogische bzw. heilpädagogische Frühförderung ausgewiesen wird (§ 8 Abs. 6).

Die inhaltliche Ausgestaltung und Zielsetzung der Erziehung und Bildung wird in einem für die „Elementarerziehung" konzipierten Orientierungsplan festgehalten. „Dabei spielt die Sprachförderung eine zentrale Rolle", die als einzige inhaltliche Ausgestaltung im Gesetzestext benannt wird. Insgesamt lässt dieser Gesetzestext eine deutliche Förderorientierung erkennen, nicht jedoch einen dezidierten Bildungsbegriff.

Kommentar: Verwiesen wird auf den *„Orientierungsplan für Bildung und Er-ziehung in baden-württembergischen Kindergärten und weiteren Kindertagesein-richtungen"* (§ 2a) in Bezug auf Förderung und insbesondere Sprachbildung (§ 9). Hier wird ein (ko-)konstruktivistisches Verständnis von Bildung postu-liert. Bildung und Erziehung werden als Brückenpfeiler verstanden, die das Han-deln der Erwachsenen bestimmen. Zudem wird ein „mehrperspektivisches Bil-dungsverständnis" qua Geburt angenommen und das Kind als aktives Subjekt modelliert, das sich in interaktiver Auseinandersetzung bildet.

9.1.2 BAYERN

Eine deutlichere Ausdifferenzierung von insbesondere Bildung und Erziehung erfolgt im „Gesetz zur Bildung, Erziehung und Betreuung von Kindern in Kin-dergärten, anderen Kindertageseinrichtungen und in Tagespflege (Bayerisches Kinderbildungs- und -betreuungsgesetz)" (BayKiBiG) Bayerns (2021). Dort wird Kitas eine familienergänzende und -unterstützende Rolle zugewiesen, wobei die Betonung einer Bildungs- und Erziehungspartnerschaft im Gesetz an mehreren Stellen grundgelegt ist.

Kindertageseinrichtungen obliegt die Verantwortung, „vielfältige und ent-wicklungsangemessene Bildungs- und Erfahrungsmöglichkeiten" vorzuhalten, um „beste Bildungs- und Entwicklungschancen zu gewährleisten, Entwicklungs-risiken frühzeitig entgegenzuwirken sowie zur Integration zu befähigen". Diese als angemessen bezeichnete Bildung, Erziehung und Betreuung ist nur durch fachlich qualifiziertes sowie ausreichendes Personal sicherzustellen (Art. 10 Abs. 1). Das pädagogische Ziel ist gemeinsam mit den Eltern die Gewährleistung einer Entwicklung des Kindes zu einer „eigenverantwortlichen und gemein-schaftsfähigen Persönlichkeiten" (Art. 13 Abs. 1). Dabei habe der Erziehungs- und Bildungsauftrag „ganzheitlich" und mit Berücksichtigung des jeweiligen „Entwicklungsverlaufes" zu erfolgen (Art. 13 Abs. 2) sowie der Vielfalt mensch-lichen Lebens Rechnung zu tragen, um eine „unterschiedslos[e]" Bildung und Erziehung zu gewährleisten und Kinder „individuell zu fördern", um „eine Teil-habe am menschlichen Leben im Sinne eines sozialen Miteinanders" zu ermög-lichen (Art. 11 Abs. 1). Dies schließt die gleichberechtigte Teilhabe von Kindern mit und mit drohender Behinderung ein (Art. 12 Abs. 1). In Bezug auf die Aus-gestaltung der Bildung und Betreuung benennt der Gesetzestext, dass die „not-wendigen Basiskompetenzen zu vermitteln" seien. Hierzu zählen beispielhaft ein „positives Selbstwertgefühl, Problemlösefähigkeit, lernmethodische Kompetenz, Verantwortungsübernahme sowie Kooperations- und Kommunikationsfähig-keit" (Art. 13 Abs. 1). Zudem haben Kindertageseinrichtungen für Kinder ab dem dritten Lebensjahr einen eigenständigen Bildungs- und Erziehungsauftrag, der explizit in Kooperation und Abstimmung mit der Grund- und Förderschule zu gestalten sei und insbesondere Kinder vor der Einschulung auf den Übergang vorzubereiten und zu begleiten habe (Art. 15 Abs. 2). Kinder sind zudem insgesamt „entwicklungsangemessen an Entscheidungen zum Einrichtungsalltag und zur Gestaltung der Einrichtung" zu beteiligen (Art. 10 Abs. 2). Zudem wird konkret auf die sprachliche Förderung auch mit Blick auf „Migrantenfamilien" und Kinder mit „Sprachförderbedarf" verwiesen, mit dem Ziel der Unterstützung der „Integrationsbereitschaft" der hierüber adressierten Familien (Art. 12 Abs. 2).

Kommentar: Obschon ein Umweg über die Eltern und die Zusammenarbeit mit ihnen gemacht wird, lässt sich das Bildungsverständnis hier als zuvorderst agency- und teilhabeorientiert beschreiben, da es explizit von Benachteiligungen betroffene Gruppen adressiert und darauf aufbauend ein eher kompetenzorientiertes Bildungsverständnis im Sinne des Subsidiaritätsprinzips teilt.

9.1.3 BERLIN

Berlin weist mit dem „Gesetz zur Förderung von Kindern in Tageseinrichtungen und Kindertagespflege (Kindertagesförderungsgesetz – KitaFöG)" (2021) konkrete Themen von Bildung aus. Dabei vereint der Begriff der Förderung den Bildungs-, Erziehungs- und Betreuungsauftrag und ist mit dem groben Ziel verbunden, Bildungschancengleichheit, unabhängig von Geschlecht, Ethnie, Religion, sozial-ökonomischen Hintergründen oder individuellen Fähigkeiten herzustellen (§ 1 Abs. 1). Er ist als grundsätzlich familienergänzend und unterstützend gerahmt und durch explizit „sozialpädagogische Bildungseinrichtungen" zu erbringen (§ 1 Abs. 1).

Die als Förderauftrag deklarierte Bestimmung wird nachfolgend weiter konkretisiert und verweist dezidiert auf bereichsspezifische Bildungsaspekte. Anzuerkennen seien dabei die individuellen Bedürfnisse der Kinder und ihres Lebensumfelds, zu fördern sind bildungsbereichsspezifisch aufgegliederte Fähigkeiten. Die Lebenswelt außerhalb der Tageseinrichtung zu erkunden sowie der Erwerb der deutschen Sprache werden separat genannt (§ 1 Abs. 2). Zudem sind Kinder auf ein gesellschaftliches Leben in einer Demokratie vorzubereiten, „in der Wissen, sprachliche Kompetenz, Neugier, Lernenwollen und -können, Problemlösen und Kreativität von entscheidender Bedeutung sind" (§ 1 Abs. 3) – Kinder also als kompetente Akteur:innen gesehen werden. Damit verbunden sind Fragen von Solidarität unter Bedingungen von Ungleichheit, etwa die „verantwortungsbewusste Teilhabe", „Toleranz" und „Verständigung" im Sinne des Friedens aller Menschen, gleich welchen Geschlechts, welcher sexuellen Identität, „ethnischen, nationalen, religiösen und sozialen Zugehörigkeit", gleich welcher „individuellen Fähigkeiten und Beeinträchtigungen" (§ 1 Abs. 3). Es wird zudem auf die Notwendigkeit eines verantwortlichen Umgangs „mit den natürlichen Ressourcen" (§ 1 Abs. 3) verwiesen. Die Realisierung verlangt dabei laut Gesetz eine Kooperation „mit anderen Einrichtungen und Diensten", insbesondere auch im Hinblick auf den Übergang zur Schule.

Sie sei zudem entwicklungsangemessen unter Beteiligung aller Institutionen und Akteure zu gestalten und schließt die „in Absprache mit den Eltern vorzunehmende Übermittlung von Unterlagen aus der Sprachdokumentation in Vorbereitung des Schulbesuchs" ein (§ 1 Abs. 3).

Die Realisierung der Förderung hat sich dabei am Wohl des Kindes, an dessen Bedürfnissen zu orientieren, ist alters- und entwicklungsgemäß sowie inklusiv auszugestalten (§ 5 Abs. 1) und erfolgt in altersgemischten wie altersgleichen Gruppen für Kinder bis zur Vollendung des sechsten Lebensjahres (§ 3 Abs. 2).

Kommentar: Der Gesetzestext enthält deutlich ausgewiesene Bildungsaspekte, die sowohl das individuelle Kind als auch die Vielfalt der Gesellschaft sowie aktuelle gesellschaftliche Herausforderungen, wie die ökologische Frage, in den Blick nehmen. Zudem wird explizit auf das *„Bildungsprogramm"* im Zuge der Qualitätsentwicklungsvereinbarung (§13) verwiesen. Das „landeseinheitliche Bildungsprogramm" gilt demnach auch für die Tagespflege (§17).

9.1.4 BRANDENBURG

Das brandenburgische „zweite Gesetz zur Ausführung des Achten Buches des Sozialgesetzbuches – Kinder- und Jugendhilfe – (Kindertagesstättengesetz – KitaG)" von 2021 benennt neben der Trias Erziehung, Bildung und Betreuung explizit auch Versorgen (§ 2 Abs.1) als Rechtsanspruch von Kindern ab dem vollendeten ersten Lebensjahr bis zur Versetzung in Klasse 5 (§ 2 Abs.1) und hebt damit Sorge nochmals von Betreuung ab.

Der Bildungsauftrag wird differenziert herausgestellt, alters- und entwicklungsangemessen gerahmt, ganzheitlich verstanden und bereichsspezifisch orchestriert (insbes. § 3 Abs. 1 und 2). Zentral wird „die natürliche Neugier der Kinder" als Antrieb für eigenaktive Bildungsprozesse benannt (§ 3 Abs. 2) – und damit jedoch auch essentialisiert. Dem folgend sind „Themen der Kinder" aufzugreifen und zu erweitern, „Erfahrungen über den Familienrahmen hinaus" zu ermöglichen sowie die Schulvorbereitung zu gewährleisten (§ 3 Abs. 1). Dabei kommt Kindertagesstätten die Aufgabe zu (§ 3 Abs. 2), die Entwicklung ganzheitlich zu fördern, ausgehend von individuellen Bedürfnissen und Lebensumfeldern das Erschließen von „Erlebnis-, Handlungs- und Erkenntnismöglichkeiten" zu realisieren sowie „Eigenverantwortlichkeit und Gemeinschaftsfähigkeit" zu stärken und Beteiligung zu ermöglichen (§ 3 Abs. 2). Zudem soll die Entfaltung der „körperlichen, geistigen und sprachlichen Fähigkeiten", der „seelischen, musischen und schöpferischen Kräfte" unterstützt werden sowie der verantwortungsvolle Umgang mit der Umwelt vermittelt, ein „nach ökologischen Gesichtspunkten gestalte[r] Lernort" geschaffen und eine „gesunde Ernährung und Versorgung" gewährleistet werden (§ 3 Abs. 2). Unterschiedliche Lebenslagen, kulturelle und weltanschauliche Hintergründe von „Jungen und Mädchen" sind hierbei zu berücksichtigen. Auf das angestammte Siedlungsgebiet der Sorben/Wenden wird Bezug genommen, um „die Vermittlung und Pflege der sorbischen/wendischen Sprache und Kultur zu gewährleisten" (§ 3 Abs. 2), welche auch durch das Land gefördert wird (§ 3 Abs. 5). Die Feststellung des Sprachstandes der deutschen Sprache und deren Förderung sind ebenso inkludiert (§ 3 Abs. 2). Art und Umfang der familienergänzenden und unterstützenden (§ 3 Abs. 2), aber vor allem auch der Bildungsleistung sollen dem Bedarf des Kindes angepasst, inklusiv und zu dessen Wohle (§ 4 Abs. 1), in demokratisch-partnerschaftlichem Miteinander (§ 3 Abs. 2/§ 4 Abs. 2) gestaltet sein.

Kommentar: Hier findet sich ein ausdifferenziertes, „ganzheitliches" Bildungsverständnis, welches das Kind und dessen Bedürfnisse zentral setzt, ihm (qua Geburt) eigene Motive und Modi der Welt-Selbst-Erschließung zuerkennt. Hierfür wird als verbindliche Grundlage auf den Brandenburgischen Bildungsplan, die *„vereinbarten Grundsätze über die Bildungsarbeit in Kindertagesstätten"* rekurriert (§ 3).

9.1.5 BREMEN

Im „Bremisches Gesetz zur Förderung von Kindern in Tageseinrichtungen und in Tagespflege (Bremisches Tageseinrichtungs- und Kindertagespflegegesetz – BremKTG)" von 2019 kommen die Begriffe Erziehung und Bildung lediglich in § 2 im Zusammenhang des Angebots einer „regelmäßigen Betreuung, Bildung und Erziehung" vor. Stattdessen ist das erste markante Merkmal, welches die Arbeit von Kindergärten rahmt, die Betreuung und Förderung der Kinder. Kindergärten sind „im besonderen Maße verpflichtet, die aufgenommenen Kinder systematisch und kontinuierlich zu fördern" (§ 5 Abs. 1). Betreuung und Förderung sind über „altersentsprechende" Angebote auszugestalten, die zu einer „optimale[n] Entwicklung der emotionalen, wahrnehmungsmäßigen, motorischen, geistigen, sprachlichen und sozialen Fähigkeiten und Fertigkeiten der Kinder" beitragen (§ 3 Abs. 1), sollen auf „Gleichberechtigung, die Zusammenarbeit und das Zusammenleben aller Menschen hinwirken" (§ 3 Abs. 2) und zugleich die „jeweiligen Lebenssituationen" der Kinder berücksichtigen sowie auf die „Erhöhung individueller und sozialer Kompetenz" abzielen (§ 3 Abs. 1). Die Kinder sind zudem, „ihrem jeweiligen Entwicklungsstand entsprechend an allen sie betreffenden Angelegenheiten [zu] beteiligen" (§ 3 Abs. 2). Lediglich rudimentär wird darauf verwiesen, dass es sich um eine familienergänzende Betreuung und Förderung handelt (§ 3 Abs. 3), welche für Kinder vorzuhalten ist, die „aus individuellen oder familialen Gründen ein umfassendes und verlässliches sozialpädagogisches Angebot benötigen" (§ 4 Abs. 1). Bezugnehmend auf Kinder, die behindert werden bzw. von Behinderung bedroht sind, soll eine „notwendige Hilfe in integrativer Form angeboten werden", die als gemeinsame Betreuung und Förderung aller Kinder zu konzipiert ist (§ 3 Abs. 4).

Kommentar: Das hier aufzufindende Bildungsverständnis ist als rudimentär, allenfalls individualistisch zu verstehen, Aspekte der Partizipation sind enthalten sowie eine ausgewiesene Förderthematik (als Bildung) markiert.

9.1.6 HAMBURG

Unter der Überschrift „Förderung von Kindern in Tageseinrichtungen und in Tagespflege" (§ 1) positioniert das „Hamburger Kinderbetreuungsgesetz (KibeG)" (2021) die Begriffe Betreuung, Bildung und Erziehung. Erziehung und Bildung werden als gemeinsames Begriffspaar benannt und als ergänzende Förderung und Unterstützung familialer Kontexte ausgewiesen (§ 2 Abs. 1). Das „alters- und entwicklungsgemäße pädagogische Angebot" soll zuvorderst die „Individualität des Kindes" anerkennen und Kinder „in ihrer körperlichen, geistigen und seelischen Entwicklung" fördern, „ihre Gemeinschaftsfähigkeit" unterstützen und Benachteiligungsausgleiche zu schaffen (§ 2 Abs. 1). Kindern ist zudem „ausreichend Gelegenheit zu geben, ihre motorischen, sprachlichen, sozialen, künstlerischen und musischen Fähigkeiten zu erproben und zu entwickeln und ihre Lebenswelt […] zu erkunden" (§ 2 Abs. 1). Die Realisierung des Erziehungs- und Bildungsauftrags hat sich entlang der individuellen Lebenssituation zu orientieren (§ 2 Abs. 1), „dem Kind Achtung vor seiner kulturellen Identität, seiner Sprache und seinen kulturellen Werten sowie vor anderen Kulturen zu vermitteln", es „auf ein verantwortungsbewusstes Leben in einer freien Gesellschaft […] vorzubereiten", ihm „Achtung vor seiner natürlichen Umwelt zu vermitteln", „das Zusammenleben von Kindern mit und ohne Behinderung zu fördern", „Grundwissen über seinen Körper zu vermitteln" und das Kind auf die Schule vorzubereiten (§ 2 Abs. 2). Dies soll zudem in Kooperation „zum Wohl des Kindes unter Beachtung des Rechts auf informationelle Selbstbestimmung der Kinder und ihrer Sorgeberechtigten" erfolgen (§ 2 Abs. 3). Kinder sind zudem „entsprechend ihren Entwicklungsmöglichkeiten aktiv in die Gestaltung der Bildungs- und Betreuungsarbeit" (§ 23 Abs. 1) sowie „in die Arbeit der Einrichtung" einzubeziehen (§ 23 Abs. 2) – sie werden damit konsequent nicht nur als Adressat:innen von Bildungsangeboten, sondern auch als Akteur:innen und Gestalter:innen positioniert. Dabei verweist das Gesetz explizit darauf, dass den Kindern die Wahl einer „in der Einrichtung tätige[n] Person zur Vertrauensperson" obliegt, die explizit eine „in der Elternvertretung im Interesse der Kinder" beratende Funktion hat (§ 23 Abs. 2). Partizipation und Demokratie wird so auch formalisiert integriert.

Erziehung stellt laut Gesetz eine Hilfeleistung dar, wohingegen Bildung über Angebote „und durch eine differenzierte Erziehungsarbeit" positioniert wird. Bildungsziele sind entsprechend zu formulieren, die die „Entwicklung von Lernkompetenz" unterstützen (§ 2 Abs. 1). Der Anspruch des Kindes auf gemeinsame Betreuung, Erziehung und Bildung beläuft sich auf „fünf Stunden an fünf

Werktagen" (§ 6 Abs. 1), dabei sind „Kinder mit dringlichem sozial bedingten oder pädagogischen Bedarf [...] bedarfsgerecht zu fördern" (§ 6 Abs. 3). Kinder mit oder mit drohender Behinderung haben einen Anspruch auf „optimale Förderung" und geeignete Betreuung „in einer geeigneten Sondergruppe oder einer integrativen Tageseinrichtung" (§ 6 Abs. 4).

Kommentar: Ausdifferenziertes Bildungsverständnis, ganzheitlich orientiert und auch seelische Aspekte aufgreifend. Das Gesetz ist deutlich kindorientiert – auch mit Blick auf die Ermöglichung von Partizipation und Demokratie enthält es zentrale Elemente.

9.1.7 HESSEN

Im Hessischen Kinder- und Jugendhilfegesetzbuch (HKJGB, 2006, letzte Akt. Okt. 2022) werden die Begriffe Bildung, Erziehung und Betreuung zusammengedacht. Nach § 26 Abs. 1 wird Tageseinrichtungen der eigenständige Bildungs- (und Erziehungs)auftrag zugesprochen, der familienergänzend und -unterstützend die „Gesamtentwicklung des Kindes fördern" soll, etwa über „allgemeine und gezielte Bildungs- (und Erziehungs)angebote". Aufgabe der Kitas ist es insbesondere, durch „differenzierte Bildungs- (und Erziehungs)arbeit die geistige, seelische und körperliche Entwicklung des Kindes anzuregen, seine Gemeinschaftsfähigkeit zu fördern und allen Kindern gleiche Entwicklungschancen zu geben." Der Bildungs- und Erziehungspartnerschaft auch über die soziale Familie hinaus kommt besondere Bedeutung zu. Hier schließt § 27 Abs. 1 an, der den „Erziehungsberechtigten der Kinder in der Tageseinrichtung" Partizipationsmöglichkeiten zugesteht und festschreibt, dass diese bei „Entscheidungen in wesentlichen Angelegenheiten der Bildung, Erziehung und Betreuung zu unterrichten" (nicht jedoch zu beteiligen) sind. Die Bildungs- und Erziehungspartnerschaft herzustellen, wird als Aufgabe der Fachkräfte gesehen, die „auf einen regelmäßigen und umfassenden Austausch mit den Erziehungsberechtigten über die Bildung, Erziehung und Betreuung der Kinder hinwirken" sollen. Für die Umsetzung des hessischen Bildungs- und Erziehungsplans werden den Einrichtungen finanzielle Zuwendungen pro Kind gewährt, hierfür müssen die Träger Konzepte vorlegen sowie mindestens 25 % der Fachkräfte diesbezügliche Fortbildungen besucht haben. Auch für Maßnahmen der Sprachförderung oder Integration gibt es ab einer bestimmten Quote von Kindern finanzielle Unterstützung („Maßnahmepauschale").

Kommentar: Der Bildungsbegriff bleibt diffus und implizit. Es liegt jedoch nahe, dass dieser aus dem hessischen *„Bildungs- und Entwicklungsplan"* zugrunde gelegt und daher hier nicht weiter ausgeführt wird. So verweisen §§ 32–32b auf diesen explizit als Grundlage der pädagogischen Arbeit. Zudem wird Trägern von Fachberatungen, die Tageseinrichtungen im Sinne der Prinzipien des Bildungs- und Erziehungsplans beraten und begleiten, eine jährliche Pauschale von bis zu 550 Euro je beratener Tageseinrichtung gewährt, vorausgesetzt die Fachberatungen verfügen über eine Grund- und Aufbauqualifizierung (§ 32b).

9.1.8 MECKLENBURG-VORPOMMERN

Bildung wird im Gesetz zur Einführung der Elternbeitragsfreiheit, zur Stärkung der Elternrechte und zur Novellierung des Kindertagesförderungsgesetzes (Kindertagesförderungsgesetz – KiföG M-V, 2019, letzte Änderung 2022) – neben Förderung, Pflege und Erziehung – als Teil von Kindertagesförderung verstanden (§ 2 Abs 1). Auch hier fungieren die Kitas familienergänzend und -unterstützend und erfüllen einen „eigenständigen alters- und entwicklungsspezifischen Bildungs-, Erziehungs- und Betreuungsauftrag" orientiert am Grundgesetz. Zudem wird eine individuelle Förderung an „sozialräumlichen Gegebenheiten", eine erfolgreiche Bewältigung von „Bildungsverläufen" und ein lebenslanges Lernen forciert, um „Benachteiligungen [beim Schuleintritt] entgegenzuwirken" und Kompetenzen zu entwickeln. In § 3 werden die „Aufgaben der frühen Bildung" formuliert. So werden in Abs. 1 als Ziele formuliert, personale, soziale, kognitive, körperliche und motorische Kompetenzen sowie Kompetenzen im alltagspraktischen Bereich zu erwerben. Zudem werden „Bildungs- und Erziehungsbereiche" genannt, die sich auch im Bildungsplan finden, z. B. Sprachbildung, sozial-emotionale Entwicklung, Werteorientierung, kultursensitive Kompetenzen, mathematisches Denken, Welterkundung, digitale Bildung, ästhetische Bildung, Körper, Bewegung, Gesundheit und Prävention, Umweltbildung. Die Bildungspläne sind verbindliche Grundlage und die Kinder werden ab dem dritten Monat in der Einrichtung kontinuierlich in Bezug auf ihre Kompetenzen überprüft: „Bei erheblichen Abweichungen von der altersgerechten, sozialen, kognitiven, emotionalen oder körperlichen Entwicklung des Kindes soll eine gezielte individuelle Förderung auf der Grundlage eines jährlich fortzuschreibenden Entwicklungsplans erfolgen." In § 9 zu „Kindern mit besonderem Förderbedarf" wird der Begriff Bildung nicht verwendet – es ist lediglich von Erziehungs- und Förderbedarfen die Rede. In § 10 wird der Fokus auf die pädagogischen Fachkräfte gelegt, die kindorientiert „die alters- und entwicklungsspezifischen sowie der individuellen Besonderheiten der Kinder beachten" sollen und dabei insbesondere für „positive Bindungen zwischen ihnen und dem Kind sowie für den Aufbau sozialer Beziehungen in der Gruppe" zu sorgen haben, durch die „Organisation des Tagesablaufes, Raumgestaltung und Materialauswahl" „unter Beteiligung der Kinder" „geeignete entwicklungs- und gesundheitsfördernden Lebens-, Handlungs- und Erfahrungsräumen zu gestalten", dabei „Themen und Interessen der Kinder aufzugreifen", diese „zu erweitern und in Lernprozessen gemeinsam mit den Kindern zu gestalten". Zudem sind von den Fachkräften „kindbezogene Beobachtungen durchzuführen" und diese „zu dokumentieren, zu reflektieren", um „unter Einbeziehung der Eltern" eine individuelle Förderung der „Persönlichkeit des jeweiligen Kindes" zu ermöglichen, „wobei der alltagsintegrierten Sprachförderung eine besondere Bedeutung beizumessen ist". Außerdem zählen Schulvorbereitung und Beratung der Eltern „bei der Erziehung und der Förderung ihrer Kinder" zu den im Gesetz festgelegten Aufgaben der Fachkräfte. § 24 legt die „Mitwirkung der Kinder" am Alltag fest, dementsprechend sind sie entsprechend ihres „Alters- und Entwicklungsstandes" zu beteiligen.

Kommentar: Die begriffliche Fassung mutet widersprüchlich an. Obschon den Kindern viel Partizipation zugestanden wird, scheinen bestimmte Kinder möglicherweise eher exkludiert zu werden. Wenn der Entwicklungsstand alle drei Monate überprüft werden muss, hat man hier eventuell ein Instrument, um bestimmten Kindern Mitsprache abzusprechen (sie eben nur ihrem „Entwicklungsstand" nach zu beteiligen). Ähnlich wie Brandenburg wird bereits in § 3 auf die *„Bildungskonzeption für 0- bis 10-jährige Kinder in Mecklenburg-Vorpommern"* als verbindliche Grundlage verwiesen, deren Umsetzung sich „in den Leistungs-, Entgelt- und Qualitätsentwicklungsvereinbarungen" widerspiegeln solle.

9.1.9 NIEDERSACHSEN

Im Niedersächsischen Gesetz über Kindertagesstätten und Kindertagespflege (NKiTaG) von Juni 2021 wird die Trias unter Förderung subsumiert. Die Kitas werden über § 2 mit einem eigenen Bildungsauftrag versehen, der auf „gleichberechtigte, inklusive gesellschaftliche Teilhabe aller Kinder und auf die Entwicklung der Kinder zu eigenverantwortlichen, gemeinschaftsfähigen und selbstbestimmten Persönlichkeiten" abzielt. Teil dieses Auftrags ist das Stärken der Persönlichkeit und Identität, die alltagsintegrierte Unterstützung bei der Entwicklung von Sprach- bzw. Kommunikationskompetenzen, die Einführung in sozial verantwortliches Handeln, die Ermöglichung einer „Auseinandersetzung mit Gemeinsamkeiten von Menschen und Vielfalt der Gesellschaft" und das Anregen von kritischem Denken, das Vermitteln von Kenntnissen und Fähigkeiten zur Lebensbewältigung, das Anregen von Kreativität, die Stärkung von Lernfreude und Neugier, die Vermittlung der Gleichberechtigung der Geschlechter, die Einführung in gesundheitsbewusstes Verhalten. § 3 sieht vor, dass die jeweiligen pädagogischen Konzepte der Kitas diese Grundsätze enthalten, zudem sollen Ausführungen zum Thema Sprachbildung „aller Kinder" sowie zur „individuellen Sprachförderung" enthalten sein. Der „Ausgangspunkt der Förderung eines Kindes" ist die „regelmäßige Beobachtung, Reflexion und Dokumentation" des „Entwicklungs- und Bildungsprozesses". Die Kinder sollen „Gelegenheit zur Mitwirkung" erhalten. Außerdem wird das Thema Vernetzung und Kooperation adressiert, indem die Erziehungs- und Bildungspartnerschaft zur Familienergänzung unter Berücksichtigung „sozialer, religiöser und kultureller Prägungen der

Familie" festgehalten wird. Kindertagesstätten sollen mit anderen Stellen zur „Gestaltung eines durchgängigen Bildungsprozesses zusammenarbeiten" und dürfen die Dokumente bei Einverständnis der Eltern auch den Schulen zur Verfügung stellen. In § 14 „Sprachbildung und Sprachförderung" sollen die „Sprachkompetenzen der Kinder" zu Beginn des letzten Kita-Jahres vor der Schulpflicht erfasst werden, um Kinder „mit besonderem Sprachförderbedarf" „auf der Grundlage des pädagogischen Konzepts individuell und differenziert zu fördern". In diesem Kontext ist auch gesetzlich vorgesehen, dass „die Kindertagesstätte mit den Erziehungsberechtigten ein Gespräch über die Entwicklung des Kindes" führt, um ggf. eine „individuelle und differenzierte Sprachförderung" zu veranlassen. Der Übergang in die Schule ist gemeinsam zu erarbeiten. In § 41 Revisionsklausel wird festgelegt, dass die Landesregierung die „Auswirkungen der in § 31 getroffenen Regelungen zur Sprachbildung und Sprachförderung bis zum 31. Dezember 2022" noch überprüft.

Kommentar: Erkennbar ist ein differenziertes, sozialpädagogisches Bildungsverständnis, das die gesellschaftlichen wie individuellen Bildungsbedarfe mit umfasst. Es ist kindzentriert und changiert im Bildungsverständnis zwischen individualistischen und gesellschaftlichen Anforderungen.

9.1.10 NORDRHEIN-WESTFALEN

§ 1 des Gesetzes zur frühen Bildung und Förderung von Kindern (Kinderbildungsgesetz – KiBiz) von Dezember 2019 legt explizit fest, dass heilpädagogische Einrichtungen vom Gesetz ausgeschlossen sind. In § 2 Allgemeine Grundsätze wird als „Kernaufgaben der Kitas" der Anspruch der Kinder auf „Bildung und auf Förderung seiner Persönlichkeit" bestimmt, was auch als „Kernaufgaben der Kitas" moduliert wird, während die Erziehung „in der vorrangigen Verantwortung seiner Eltern" verortet und „die Familie als „erster […] und wichtiger Lern- und Bildungsort des Kindes" gerahmt wird. Die Bildungs- und Erziehungsarbeit in den Kitas ist somit familienergänzend und inklusiv (§ 8). § 9 regelt die „Zusammenarbeit mit den Eltern", gegenüber denen die Kita informationspflichtig ist und denen die Fachkräfte beratend „im Rahmen [ihrer] Kompetenzen zu wichtigen Fragen der Bildung, Erziehung und Betreuung des Kindes" zur Seite stehen. Unter anderem ist dies in § 10 Elternmitwirkung in der Kindertageseinrichtung geregelt: die „Elternversammlung" ist dort gesetzlich festgelegt und „soll auch für Angebote zur Stärkung der Bildungs- und Erziehungskompetenz der Eltern genutzt werden" oder „das Interesse der Eltern für die Einrichtung fördern". Der Elternrat hat die Möglichkeit, Gestaltungshinweise bei der „Beratung der Grundsätze der Erziehungs- und Bildungsarbeit", bei Entscheidungen über „die räumliche, sachliche und personelle Ausstattung" sowie bei der Vereinbarung von Kriterien für die Aufnahme von Kindern in die Einrichtung zu geben.

§ 15 „Frühkindliche Bildung" formuliert einen konstruktivistischen Bildungsbegriff. Demnach wird Bildung als „aktive Auseinandersetzung des Kindes mit seiner Umgebung auf der Grundlage seiner bisherigen Lebenserfahrung" gedacht. „Selbstbildung" wird durch Wahrnehmung und „aktives, experimentierendes Handeln" einerseits sowie „Einfluss der Umgebung" andererseits ermöglicht. Diese Form von Bildung soll „die Entwicklung des Kindes zu einer eigenständigen Persönlichkeit" und den „Erwerb seiner sozialen Kompetenz" anregen. Kitas haben ihre Bildungsangebote demnach so zu gestalten, dass die individuellen und „unterschiedlichen Lebenslagen" Berücksichtigung finden. Es geht nicht nur um eine Wissens- und Kompetenzvermittlung, sondern auch um das (Weiter-)Entwickeln von „Bereitschaften und Einstellungen". Grundlage für die alltagsorientierten Bildungsangebote ist die „Eigenaktivität des Kindes", indem etwa geschaut wird, „was die Kinder in ihren Bildungs- und Entwicklungsprozess einbringen". Mit einer anregungsreichen und sicheren Umgebung wird eine „gemeinsame Bildung und Erziehung aller Kinder mit individueller Förderung" verbunden, damit „alle Kinder sich in ihren unterschiedlichen Fähigkeiten und Lebenssituationen anerkennen, positive Beziehungen aufbauen, sich gegenseitig unterstützen, zu Gemeinsinn und Toleranz befähigt [werden] und in ihrer interkulturellen Kompetenz gestärkt werden." Die Kitas haben den Anspruch, Startchancengleichheit herzustellen. So heißt es etwa: „[Das Personal] leistet einen Beitrag zu mehr Chancengleichheit der Kinder, unabhängig von Geschlecht, sozialer oder ethnischer Herkunft und zum Ausgleich individueller und sozialer Benachteiligungen."

In § 16 Partizipation wird dieser Gedanke fortgeschrieben: „Die Bildungs- und Erziehungsarbeit wirkt darauf hin, Kinder zur gleichberechtigten gesellschaftlichen Teilhabe zu befähigen und damit ein demokratisches Grundverständnis zu entwickeln." Diesen Bildungsgedanken haben die Kitas über eine „eigene pädagogische Konzeption" zu realisieren (§ 17). Alltagsintegrierte Beobachtung und Dokumentation (unter Einverständnis der Eltern) sollen die oben ausgeführten Bildungsprozesse individuell, stärkenorientiert und ganzheitlich unterstützen. § 19 Sprachliche Bildung versteht diese ebenfalls alltagsintegriert und als „wesentlichen Bestandteil der frühkindlichen Bildung", welche unter der „Verwendung geeigneter Verfahren" umzusetzen sei. Ziel sei es, frühzeitig Förderbedarfe zu erkennen und diese im Alltag „gezielt und individuell" zu integrieren.

§ 30 regelt die Zusammenarbeit mit der Grundschule im Sinne einer kontinuierlichen, gegenseitige Information über die „Bildungsinhalte, -methoden und -konzepte", insbesondere zwei Jahre vor Einschulung im Rahmen von Informationsveranstaltung(en).

Kommentar: Hier findet sich ein konstruktivistischer, zum Teil transformatorischer und kindorientierter Bildungsbegriff, ähnlich wie er im Situationsansatz formuliert wird. Er orientiert sich insbesondere an den Stärken der Kinder und versteht diese im besonderen Maße als aktive Akteur:innen ihrer Lebenswelt. Im Gegensatz zu den anderen Gesetzestexten gibt es auch ein in § 7 festgeschriebenes Diskriminierungs*verbot*: „Die Aufnahme eines Kindes in eine Kindertageseinrichtung darf nicht aus Gründen seiner Rasse oder ethnischen Herkunft, seiner Nationalität, seines Geschlechtes, seiner Behinderung, seiner Religion oder seiner Weltanschauung verweigert werden." Die pädagogische Arbeit ist dabei insgesamt an den *„Grundsätzen zur Bildungsförderung für Kinder"* zu orientieren (§ 17).

9.1.11 RHEINLAND-PFALZ

Bildung ist im Landesgesetz über die Erziehung, Bildung und Betreuung von Kindern in Tageseinrichtungen und in Kindertagespflege (KiTaG) von September 2019 neben Erziehung und Betreuung Teil des „Förderauftrags" der Kitas, welche „allen Kindern gleiche Entwicklungs- und Bildungschancen bieten" soll, wird aber nicht nochmals explizit in § 1 benannt. Das Ziel ist, in inklusiver Form allen „gleiche Entwicklungs- und Bildungschancen" zu bieten, „unabhängig von ihrem Geschlecht, ihrer ethnischen Herkunft, Nationalität, weltanschaulichen und religiösen Zugehörigkeit, einer Behinderung, der sozialen und ökonomischen Situation ihrer Familie und ihren individuellen Fähigkeiten".

Zentraler Grundsatz ist die Förderung des Kindes „als Individuum und Teil einer Gruppe." Ein Leben in einer demokratischen Gesellschaft soll erfahrbar werden, die „Meinung und der Wille des Kindes" sind zu berücksichtigen – etwa über die Repräsentation einer Stimme im Beirat (jedoch vertreten durch eine Fachkraft) – „Sprachentwicklung" wird als „Bestandteil der Beobachtung und Dokumentation" gesehen und alltagsintegriert und durch eine „kontinuierliche Sprachbildung" gefördert. Kitas haben „mit den Grundschulen zur Information und Abstimmung ihrer jeweiligen Bildungskonzepte" zusammenzuarbeiten. Sie haben einen Beirat einzurichten, der „Empfehlungen unter Beachtung der im pädagogischen Alltag gewonnenen Perspektive der Kinder in grundsätzlichen Angelegenheiten", „die die strukturellen Grundlagen der Erziehungs-, Bildungs- und Betreuungsarbeit einer Tageseinrichtung betreffen", berücksichtigt. Insgesamt räumt der Gesetzestext den Elternrechten sehr viel Platz ein. Das Bildungsministerium darf nach § 18 von diesen zusammengetragenen Bestimmungen abweichende Modellvorhaben „zur Erprobung und Implementierung von pädagogischen Inhalten, Methoden und Konzepten zulassen".

Kommentar: Das Gesetz wirkt insgesamt recht eltern- und trägerorientiert. Dies fügt sich in den Kontext, dass bspw. das Recht auf Bildung oder eine Bildungsorientierung nicht genannt wird, vielmehr Erziehung (und Förderung als Behälterbegriff) stärker im Zentrum steht und der Bildungsbegriff kaum ausbuchstabiert wird.

9.1.12 SAARLAND

Im Saarländischen Bildungs-, Erziehungs- und Betreuungsgesetz (SBEBG) von Januar 2022 orientiert sich die Trias „an dem mit den Einrichtungsträgern vereinbarten Bildungsprogramm mit Handreichungen" für Krippen und Kitas im Saarland. Das Gesetz umfasst „unter Achtung der Würde des Kindes" eine gewaltfreie Bildung, Erziehung und Betreuung. Diese ist „am Alter und Entwicklungsstand, den sprachlichen und sonstigen Fähigkeiten, der Lebenssituation sowie den Interessen und Bedürfnissen des einzelnen Kindes" zu orientieren und berücksichtigt „seine familiäre und kulturelle Herkunft" (§ 1). In Bezug auf Kinder mit „anerkanntem Eingliederungshilfebedarf" lassen sich Bildung, Erziehung und Betreuung „im Rahmen von Einzelintegrationsmaßnahmen oder in integrativen oder heilpädagogischen Gruppen beziehungsweise Einrichtungen" umsetzen. Die Aufgaben der Kitas sind durch „allgemeine und gezielte Bildungs- und Erziehungsangebote" (§ 3) familienergänzend und -unterstützend, etwa durch die Vermittlung „orientierender Werte und Regeln" (§ 1). Dementsprechend sind die Erziehungsberechtigten der Kinder „bei Entscheidungen und in wesentlichen Angelegenheiten der Bildung, Erziehung und Betreuung zu unterrichten und angemessen zu beteiligen" (§ 7), dies gilt ebenso für die Kinder entsprechend ihrem Entwicklungsstand (§ 1).

Kommentar: Bereits in § 1 wird auf das vereinbarte *„Bildungsprogramm mit Handreichungen für saarländische Krippen und Kindergärten"* hingewiesen, welches neben dem Gesetz die pädagogische Arbeit grundiert. Im Gesetz selbst findet sich kaum eine Ausbuchstabierung des Bildungsbegriffs. Die Ausführungen scheinen diesbezüglich rudimentär und fachkräfteorientiert und es lässt sich kaum etwas Spezifisches zum Thema Bildung herausziehen.

9.1.13 SACHSEN

Institutionelle Angebote der Erziehung, Bildung und Betreuung werden im Bundesland Sachsen in dem „Gesetz über Kindertageseinrichtungen" (SächsGVBl) vom 15. Mai 2009, zuletzt geändert am 21. Mai 2021, für die Altersgruppe der 0- bis 6-jährigen Kinder formuliert.

Über den als „ganzheitlich" charakterisierten „Bildungs-, Erziehungs- und Betreuungsauftrag" soll vor allem der Erwerb und die Förderung „sozialer Kompetenzen wie der Selbständigkeit, der Verantwortungsbereitschaft und der Gemeinschaftsfähigkeit, der Toleranz und Akzeptanz gegenüber anderen Menschen, Kulturen und Lebensweisen sowie gegenüber behinderten Menschen" sowie die „Ausbildung von geistigen und körperlichen Fähigkeiten und Fertigkeiten insbesondere zum Erwerb von Wissen und Können, einschließlich der Gestaltung von Lernprozessen" (§ 3) initiiert werden.

Kommentar: Die in Kindertageseinrichtungen präsentierten Bildungsangebote sind so zu konzeptualisieren, dass sie den Übergang in die Schule befördern. Zudem wird herausgestellt, dass die Angebote eine Grundlage für Maßnahmen der Gesundheitsförderung darstellen. Die Angebote sind gemäß dem SächsGVB inklusiv auszurichten und Kinder mit „Behinderungen oder von Behinderung bedrohte Kinder" in Kindertageseinrichtungen aufzunehmen. Dabei bildet der *„Sächsische Bildungsplan"* die Grundlage für die Gestaltung der pädagogischen Arbeit (§ 2).

9.1.14 SACHSEN-ANHALT

In dem „Gesetz zur Förderung und Betreuung von Kindern in Tageseinrichtungen und in Tagespflege" (Kinderförderungsgesetz – KiFöG) vom 5. März 2003, zuletzt geändert am 19. Dezember 2018, des Landes Sachsen-Anhalt werden „Förder- und Betreuungsangebote" für Kinder bis zum Eintritt in die Schule formuliert. Für Kinder vor dem Schuleintritt sollen die Förderungs- und Betreuungsangebote bis zu acht Stunden je Betreuungstag oder bis zu 40 Wochenstunden und für Schulkinder bis zu sechs Stunden je Schultag umfassen. Bis zum Eintritt in die Schule steht Kindern ein erweiterter, ganztägiger Platz in Tageseinrichtungen dann zu, „sofern die Eltern aufgrund der familiären Situation oder wegen anderer Gründe, die eine erweiterte ganztägige Betreuung erfordern" (§ 3), die Betreuung nicht umfänglich gewährleisten können. Ausdrücklich wird in dem Gesetz die Möglichkeit erwähnt, dass bei nachgewiesenen „zwingenden Gründen" Eltern bei der „Betreuung und Versorgung des im Haushalt lebenden Kindes unterstützt werden" sollen, wenn „wegen berufsbedingter Abwesenheit", „um das Wohl des Kindes zu gewährleisten" oder „ein allein erziehender Elternteil oder (…) beide Elternteile aus gesundheitlichen oder anderen zwingenden Gründen" die Versorgung und Betreuung nicht leisten können und bestehende Angebote in Tageseinrichtungen nicht ausreichen, dass „das Kind im elterlichen Haushalt versorgt und betreut werden" kann (§ 3a).

Die, so wird ausgeführt, „Betreuungs- und Förderungsangebote sollen sich pädagogisch und organisatorisch an den Bedürfnissen der Kinder und ihrer Familien" unter entwicklungsspezifischen Gesichtspunkten orientieren und die familiale Erziehung ergänzen und unterstützen sowie den Kindern ermöglichen, „Erfahrungen über den Familienrahmen hinaus" zu sammeln. Die „Gesamtentwicklung" soll über die Angebote altersgerecht durch „allgemeine und erzieherische Hilfen und Bildungsangebote" „die körperliche, geistige und seelische Entwicklung des Kindes anregen, seine Gemeinschaftsfähigkeit fördern und Benachteiligungen ausgleichen" sowie „Inklusion von Kindern (…) fördern und zur Verbesserung der Chancengleichheit aller Kinder unabhängig von ihrer sozialen und kulturellen Herkunft" beitragen (§ 5).

Kommentar: Die Bildungsarbeit in den Kindertageseinrichtungen „unterstützt die natürliche Neugier der Kinder, fordert Bildungsprozesse heraus, greift Themen der Kinder auf und erweitert sie" auf der Grundlage des Bildungsprogramms *„Bildung: elementar – Bildung von Anfang an"* unter besonderer Berücksichtigung der Sprachförderung (§ 5).

9.1.15 SCHLESWIG-HOLSTEIN

Das „Gesetz zur Förderung von Kindern in Kindertageseinrichtungen und in Kindertagespflege" (Kindertagesförderungsgesetz [KiTaG]) vom 12. Dezember 2019 reklamiert Gültigkeit für die Altersgruppe von der Geburt bis zum sechsten Lebensjahr. Über die Förderung in Kindertageseinrichtungen und in der Kindertagespflege, so wird formuliert, soll „die Entwicklung des Kindes zu einer selbstbestimmten, eigenverantwortlichen und gemeinschaftsfähigen Persönlichkeit" gefördert, die Erziehung und Bildung in der Familie ergänzt respektive unterstützt sowie Eltern durch Betreuungsangebote geholfen werden, „Erwerbstätigkeit, Kindererziehung und familiäre Pflege besser miteinander" zu vereinbaren (§ 6). Formal werden die Bereiche Körper, Gesundheit und Bewegung, Sprache, auch in den Minderheiten- und Regionalsprachen, Zeichen, Schrift und Kommunikation, Mathematik, Naturwissenschaft und Technik, Kultur, Gesellschaft und Demokratie, Ethik, Religion und Philosophie sowie musisch-ästhetische Bildung und Medien als Bildungsfelder aufgeführt. Die Teilhabe an den Bildungsbereichen soll auch der Vorbereitung auf den Schuleintritt dienen.

Kommentar: Die inklusiv ausgerichteten Formen von Erziehung und Bildung von Kindern mit unterschiedlichen sozialen, nationalen und kulturellen Erfahrungen sollen dazu beitragen, dass „Kinder sich in ihrer Unterschiedlichkeit anerkennen, emotional positive Beziehungen zueinander aufbauen und sich gegenseitig unterstützen" (§ 19). Um die psychische Entwicklung von Kindern und ein gesundes Aufwachsen sicherzustellen, werden die Pädagog:innen aufgefordert, auf eine gesunde Ernährung, Bewegung sowie die tägliche Zahnpflege der Kinder zu achten. Über die Angebote sollen Kinder, so wird weiter ausgeführt, gefördert werden, „sich mit dem Mensch-Natur-Verhältnis und mit Fragen des gesellschaftlichen Zusammenlebens auseinanderzusetzen", auch um die Fähigkeit zu erwerben, „mit komplexen Situationen umzugehen, sich zu beteiligen und eigene Standpunkte zu entwickeln" und „bei allen Angelegenheiten, die sie betreffen, zu beteiligen" (§ 19).

9.1.16 THÜRINGEN

Das Thüringer „Gesetz über die Bildung, Erziehung und Betreuung von Kindern in Kindergärten, anderen Kindertageseinrichtungen und in Kindertagespflege" (ThürKigaG) vom 18. Dezember 2017, zuletzt geändert am 23. März 2021, formuliert Regelungen für die Altersgruppe von Kindern von der Geburt an bis zum sechsten Lebensjahr. In Anerkennung der vorrangigen Verantwortung der Eltern realisieren die unterschiedlichen Angebotsformen dem Gesetz nach Praktiken der Bildung, Erziehung und Betreuung von Kindern: von Kindern bis zu drei Jahren familiennah im Haushalt der Tagespflegeperson, der Eltern oder in anderen geeigneten Räumen und von älteren Kindern in Kindertageseinrichtungen. Kinder der Klassenstufen eins bis vier haben zudem ebenfalls einen Rechtsanspruch auf Förderung in einer Kindertageseinrichtung.

Kommentar: Den Kindertageseinrichtungen kommt ein familienunterstützender und familienergänzender Förderungsauftrag zu. Die Themen der Kinder sollen aufgegriffen werden und die eigenaktiven Bildungsprozesse von Kindern gefördert werden. Eine gemeinsame Förderung für „Kinder mit besonderem Förderbedarf (…) erfolgt in allen Kindertageseinrichtungen (Regeleinrichtungen und integrative Einrichtungen), wenn eine dem besonderen Bedarf entsprechende Förderung gewährleistet ist" (§ 8). Grundlage der pädagogischen Arbeit ist der *„Thüringer Bildungsplan"*.

9.2 Bildung in den Ausführungsgesetzen der Länder – synoptische Darstellung

Die nachfolgende Darstellung fasst wesentliche, in den Ausführungsgesetzen der Bundesländer repräsentierte Aspekte, insbesondere bezogen auf Bildung, kurz zusammen und dient lediglich der Übersicht. Die kategorienleitende Durchsicht der jeweiligen Gesetze orientierte sich dabei an der begrifflichen Trias Bildung, Betreuung und Erziehung unter Hinzuziehung weiterer Begriffe wie Förderung, Pflege und Sorge. Je Bundesland sind zudem die Bildungspläne zumindest namentlich genannt (Spalte Bundesland), die jedoch nicht Gegenstand der Analyse waren.

Bundesland	Hinweise	Kurzkommentar
Baden-Württemberg Gesetz über die Betreuung und Förderung von Kindern in Kindergärten, anderen Tageseinrichtungen und der Kindertagespflege (Kindertagesbetreuungsgesetz – KiTaG) Zugehöriger Plan: Orientierungsplan für Bildung und Erziehung in baden-württembergischen Kindergärten und weiteren Kindertageseinrichtungen	Förderung zielt auf Persönlichkeitsentwicklung, die das Subjekt und den Anderen adressiert. Erziehung und Bildung sind explizit familienergänzend konzipiert und im Sinne der Vereinbarkeit auszurichten. Förderung vereint alle drei Grundbegriffe und zielt auf die Orchestrierung einer Gesamtentwicklung ab. Bildung ist ohne Erwachsene nicht möglich. Der Förderauftrag richtet sich an Institutionen bzw. institutionalisierte Betreuungsformen (§§ 1, 2), die Kinder und Kinder mit Behinderung bis zum Schuleintritt in ihrer Entwicklung begleiten. Die inhaltliche Ausgestaltung und Zielsetzung der Erziehung und Bildung wird in einem für die „Elementarerziehung" implementierten Orientierungsplan festgehalten. Ein dezidierter Bildungsbegriff ist nicht erkennbar.	Es ist eine deutliche Förderorientierung, weniger ein dezidierter Bildungsbegriff erkennbar. In Bezug auf Förderung und insbesondere Sprachbildung (§ 9) wird auf den „Orientierungsplan für Bildung und Erziehung in baden-württembergischen Kindergärten und weiteren Kindertageseinrichtungen" (§ 2a) verwiesen. Hier wird ein (ko-)konstruktivistisches Verständnis von Bildung postuliert. Bildung und Erziehung werden als Brückenpfeiler verstanden, die das Handeln der Erwachsenen bestimmen. Zudem wird ein „mehrperspektivisches Bildungsverständnis" qua Geburt angenommen und das Kind als aktives Subjekt gesehen. Die Aufnahme und Verarbeitung von Informationen erfolgt in interaktiver Auseinandersetzung dabei prozesshaft. Danach ist pädagogisches Handeln auszurichten, u. a. auch die anregende Gestaltung der Umgebung.
Bayern Bayerisches Gesetz zur Bildung, Erziehung und Betreuung von Kindern in Kindergärten, anderen Kindertageseinrichtungen und in Tagespflege (Bayerisches Kinderbildungs- und -betreuungsgesetz – BayKiBiG) Zugehöriger Plan: Der Bayerische Bildungs- und Erziehungsplan für Kinder in Tageseinrichtungen bis zur Einschulung (BayBEP)	Es erfolgt eine bedeutsame Setzung: Die Bildungsverantwortung liegt zuvorderst bei der Familie – subsidiär orientiert. Entsprechend wird ein auf Partnerschaft zwischen Eltern und Fachkräften angelegtes Bündnis angestrebt, mit dem Ziel, dem Kind die „besten" Chancen zu ermöglichen. Es besteht eine ganzheitliche Orientierung unter Bezug auf den individuellen Entwicklungsverlauf und die heterogene Gesellschaft, um eine „unterschiedslos[e]" Bildung und Erziehung zu gewährleisten und Kinder „individuell zu fördern" sowie „eine Teilhabe am menschlichen Leben im Sinne eines sozialen Miteinanders" zu ermöglichen (Art. 11 Abs. 1). Kindertageseinrichtungen obliegt die Verantwortung (Art. 10 Abs. 1), „vielfältige und entwicklungsangemessene Bildungs- und Erfahrungsmöglichkeiten" vorzuhalten, um „beste Bildungs- und Entwicklungschancen zu gewährleisten, Entwicklungsrisiken frühzeitig entgegenzuwirken sowie zur Integration zu befähigen". Zentral ist die Vermittlung von Kompetenzen. Zudem haben Kindertageseinrichtungen für Kinder ab dem dritten Lebensjahr einen eigenständigen Bildungs- und Erziehungsauftrag, der explizit in Kooperation und Abstimmung mit der Grund- und Förderschule zu gestalten sei und insbesondere Kinder vor der Einschulung auf den Übergang vorzubereiten und zu begleiten habe (Art. 15 Abs. 2).	Obschon ein Umweg über die Eltern und die Zusammenarbeit mit ihnen gemacht wird, lässt sich das Bildungsverständnis hier als zuvorderst agency- und teilhabeorientiert beschreiben, da es explizit von Benachteiligungen betroffene Gruppen adressiert und darauf aufbauend ein dann eher kompetenzorientiertes Bildungsverständnis im Sinne des Subsidiaritätsprinzips teilt.

Bundesland	Hinweise	Kurzkommentar
Berlin Gesetz zur Förderung von Kindern in Tageseinrichtungen und Kindertagespflege (Kindertagesförderungsgesetz – KitaFöG) Zugehöriger Plan: *Berliner Bildungsprogramm für Kitas und Kindertagespflege*	Auch hier wird Förderung als Oberbegriff genannt. Sie vereint den Bildungs-, Erziehungs- und Betreuungsauftrag und ist mit dem groben Ziel verbunden, Bildungschancengleichheit, unabhängig von Geschlecht, Ethnie, Religion, sozial-ökonomischen Hintergründen oder individuellen Fähigkeiten, herzustellen (§ 1 Abs. 1). Die Realisierung der Förderung hat sich dabei am Wohl des Kindes, an dessen Bedürfnissen zu orientieren und ist alters- und entwicklungsgemäß sowie inklusiv auszugestalten (§ 5 Abs. 1). Sie erfolgt in altersgemischten wie altersgleichen Gruppen für Kinder bis zum vollendeten sechsten Lebensjahr (§ 3 Abs. 2). Erkennbar ist ein deutlich bereichsspezifisches Bildungsverständnis, das auch auf Kompetenzerwerb und Lernen abzielt sowie auf das friedliche Leben in einer Gesellschaft und einer gegebenen Umwelt, die es zu achten gilt.	Der Gesetzestext enthält deutlich ausgewiesene Bildungsaspekte, die sowohl das individuelle Kind als auch die Vielfalt der Gesellschaft sowie aktuelle gesellschaftliche Herausforderungen, wie die ökologische Frage in den Blick nehmen. Zudem wird explizit auf das „Bildungsprogramm" im Zuge der Qualitätsentwicklungsvereinbarung (§ 13) verwiesen. Das „landeseinheitliche Bildungsprogramm" gilt demnach auch für die Tagespflege (§ 17). Bemerkenswert ist aber auch, dass sexuelle Orientierung, Nachhaltigkeit etc. benannt werden, was nur in wenigen Plänen der Fall ist. Möglicherweise zeigt sich daran ein Bemühen, sich an aktuellen Diskursen zu orientieren.
Brandenburg Zweites Gesetz zur Ausführung des Achten Buches des Sozialgesetzbuches – Kinder- und Jugendhilfe – (Kindertagesstättengesetz Brandenburg – KitaG) Zugehöriger Plan: *Grundsätze elementarer Bildung in Einrichtungen der Kindertagesbetreuung im Land Brandenburg*	Deutlich kindorientierte Ausrichtung, die das Kind als aktives Subjekt begreift, das auch von sich aus agiert und Antrieb hat. Benannt – und damit jedoch auch essentialisiert – wird „die natürliche Neugier der Kinder" als Antrieb für eigenaktive Bildungsprozesse (§ 3 Abs. 2). Der Bildungsauftrag wird differenziert herausgestellt, alters- und entwicklungsangemessen gerahmt, ganzheitlich verstanden und bereichsspezifisch orchestriert (insbes. § 3 Abs. 1, 2). Bildung ist zentral auch eine Entfaltung der eignen (seelisch-gesunden) Identität, die über einen Kompetenzerwerb hinausgeht. Ganzheitliche Entwicklungsförderung hat sich am Kind und dessen Lebensumfeld zu orientieren. Art und Umfang der familienergänzenden und unterstützenden (§ 3 Abs. 2), aber vor allem auch der Bildungsleistung soll dem Bedarf des Kindes, inklusiv und zu dessen Wohl (§ 4 Abs. 1), in demokratisch-partnerschaftlichem Miteinander (§ 3 Abs. 2/ § 4 Abs. 2) gestaltet sein.	Hier findet sich ein ausdifferenziertes, „ganzheitliches" Bildungsverständnis, das das Kind und dessen Bedürfnisse zentral setzt, ihm (qua Geburt) eigene Motive und Modi der Welt- und Selbsterschließung zuerkennt. Hierfür wird rahmend auf den Brandenburgischen Bildungsplan, die „vereinbarten Grundsätze über die Bildungsarbeit in Kindertagesstätten" hingewiesen (§ 3), die als verbindliche Grundlage dienen.
Bremen Bremisches Gesetz zur Förderung von Kindern in Tageseinrichtungen und in Tagespflege (Bremisches Tageseinrichtungs- und Kindertagespflegegesetz – BremKTG)	Die Begriffe Erziehung und Bildung kommen lediglich in § 2 im Zusammenhang des Angebots einer „regelmäßigen Betreuung, Bildung und Erziehung" vor. Lediglich rudimentär wird darauf verwiesen, dass es sich um eine familienergänzende Betreuung und Förderung handelt (§ 3 Abs. 3), welche für Kinder vorzuhalten ist, die „aus individuellen oder familialen Gründen ein umfassendes und verlässliches sozialpädagogisches Angebot benötigen" (§ 4 Abs. 1) und „optimal" erfolgen soll. Offen bleibt, was optimal bedeutet, es geht jedoch verstärkt um Kompetenzorientierung.	Das hier aufzufindende Bildungsverständnis ist als rudimentär, allenfalls individualistisch zu verstehen. Aspekte der Partizipation sowie eine ausgewiesene Förderthematik (als Bildung?) sind enthalten. Unter einer organisationalen Perspektive wird eher auf organisationale Aspekte bzw. Aufträge an pädagogische Fachkräfte – abgezielt.

Bundesland	Hinweise	Kurzkommentar
Zugehöriger Plan: *Rahmenplan für Bildung und Erziehung im Elementarbereich*	Auch Familie spielt nur eine untergeordnete Rolle. Erkennbar ist ein starker organisationaler Rahmen, der auf Qualität abzielt.	Ausdifferenziertes Bildungsverständnis, ganzheitlich orientiert und auch seelische Aspekte aufgreifend. Das Gesetz ist deutlich kindorientiert – auch mit Blick auf die Ermöglichung von Partizipation und Demokratie enthält es zentrale Elemente.
Hamburg Hamburger Kinderbetreuungsgesetz *(KibetG)* Zugehöriger Plan: *Hamburger Bildungs-empfehlungen für die Bildung und Erziehung von Kindern in Tageseinrichtungen*	Erziehung und Bildung werden als gemeinsame, zusammengehörende Begriffe benannt und als ergänzende Förderung und Unterstützung familialer Kontexte ausgewiesen (§ 2 Abs. 1). Erziehung ist als Hilfeleistung gerahmt, Bildung eher als Förderung über Angebotsstrukturen positioniert. Die Realisierung des Erziehungs- und Bildungsauftrags hat sich entlang der individuellen Lebenssituation zu orientieren (§ 2 Abs. 1) (…). Ähnlichkeiten mit Brandenburg sind erkennbar – ausdifferenziert, kindzentriert – auch die seelische Gesundheit inkludierend. Angebote werden als Gelegenheiten – Bildung als Ermöglichung von Gelegenheiten – präsentiert. Was eher selten der Fall ist: Der Bereich BNE wird berücksichtigt. Partizipation findet sich explizit als bedeutsam ausgewiesen. Zwar wird diese in anderen Gesetzen ebenfalls benannt, hier jedoch genauer ausdifferenziert – vor allem werden Kinder als kompetente Akteure verstanden. Kinder sind zudem „entsprechend ihren Entwicklungsmöglichkeiten aktiv in die Gestaltung der Bildungs- und Betreuungsarbeit" (§ 23 Abs. 1) sowie „in die Arbeit der Einrichtung" einzubeziehen (§ 23 Abs. 2). Sie werden damit konsequent nicht nur als Adressat:innen von Bildungsangeboten, sondern auch als Akteur:innen und Gestalter:innen positioniert.	
Hessen Hessisches Kinderförderungsgesetz *(HessKiföG)* Zugehöriger Plan: *Bildungs- und Erziehungsplan für Kinder von 0 bis 10 Jahren in Hessen (BEP)*	Die Begriffe Bildung, Erziehung und Betreuung werden zusammengedacht. Nach § 26 Abs. 1 wird Tageseinrichtungen der eigenständige Bildungs- (und Erziehungs)auftrag zugesprochen, der familienergänzend und -unterstützend die „Gesamtentwicklung des Kindes fördern" soll, etwa über „allgemeine und gezielte Bildungs- (und Erziehungs)angebote". Der Bildungs- und Erziehungspartnerschaft, auch über die soziale Familie hinaus, kommt besondere Bedeutung zu. Die Formulierungen machen deutlich, dass Entwicklung nicht als naturgegebener Prozess betrachtet wird, sondern auch Impulse von außen braucht. Die „Gemeinschaftsfähigkeit" wiederum scheint per se vorhanden zu sein, jedoch förderbar. Die „Entwicklungschancen" müssen deshalb von den Fachkräften, „gegeben werden", womit eine Gleichbehandlung angedeutet ist.	Der Bildungsbegriff bleibt diffus und implizit. Es liegt jedoch nahe, dass dieser aus dem hessische „Bildungs- und Entwicklungsplan" zu Grunde gelegt und daher hier nicht weiter ausgeführt wird. So verweisen §§ 32 –32b auf diesen explizit als Grundlage der pädagogischen Arbeit. Zudem wird Trägern von Fachberatungen, die Tageseinrichtungen im Sinne der Prinzipien des Bildungs- und Erziehungsplans beraten und begleiten, eine jährliche Pauschale von bis zu 550 Euro je beratener Tageseinrichtung gewährt, vorausgesetzt die Fachberatungen verfügen über eine Grund- und Aufbauqualifizierung (§ 32b).

Bundesland	Hinweise	Kurzkommentar
Mecklenburg-Vorpommern Kindertagesförderungsgesetze und Verordnungen Mecklenburg-Vorpommern (KiföG M-V) Zugehöriger Plan: *Bildungskonzeption für 0- bis 10-jährige Kinder in Mecklenburg-Vorpommern*	Bildung wird im Gesetz zur Einführung der Elternbeitragsfreiheit, zur Stärkung der Elternrechte und zur Novellierung des Kindertagesförderungsgesetzes (...) neben Förderung, Pflege und Erziehung – als Teil von Kindertagesförderung verstanden (§ 2 Abs 1). Auch hier fungieren die Kitas familienergänzend und -unterstützend und erfüllen einen „eigenständigen alters- und entwicklungsspezifischen Bildungs-, Erziehungs- und Betreuungsauftrag" orientiert am Grundgesetz. Die Bildungspläne sind verbindliche Grundlage und die Kinder werden ab dem dritten Monat in der Einrichtung kontinuierlich in Bezug auf ihre Kompetenzen überprüft. Erkennbar ist eine klassische Kompensatorik und Herstellung von „Startchancengleichheit", vornehmlich unter dem Schlagwort „Förderung" und weniger „Bildung". Es fällt auf, dass „Weiterkundung" als ein zentraler Teil zumindest von transformatorischen Bildungsprozessen in die naturwissenschaftliche Sparte eingeordnet wird. Dabei wird klar, dass der Fokus insgesamt outputorientiert ist und die Kinder als Akteure im Zentrum stehen („erwerben").	Die begriffliche Fassung scheint widersprüchlich. Obschon den Kindern viel Partizipation zugestanden wird und sie miteinbezogen werden, bleibt offen, ob nicht doch bestimmte Kinder tendenziell eher exkludiert werden. Wenn der Entwicklungsstand alle drei Monate überprüft werden muss, hat man möglicherweise ein Instrument, um bestimmten Kindern Mitsprache abzusprechen (sie eben nur in ihrem „Entwicklungsstand" nach, zu beteiligen). Ähnlich wie Brandenburg wird bereits in § 3 auf die „Bildungskonzeption für 0- bis 10-jährige Kinder in Mecklenburg-Vorpommern" als verbindliche Grundlage verwiesen, deren Umsetzung sich „in den Leistungs-, Entgelt- und Qualitätsentwicklungsvereinbarungen" widerspiegeln solle.
Niedersachsen Niedersächsisches Gesetz über Kindertagesstätten und Kindertagespflege (NKiTaG) Zugehöriger Plan: *Orientierungsplan für Bildung und Erziehung im Elementarbereich niedersächsischer Tageseinrichtungen*	Die Trias wird unter Förderung subsumiert. Kitas werden gemäß § 2 mit einem eigenen Bildungsauftrag versehen, der auf „gleichberechtigte, inklusive gesellschaftliche Teilhabe aller Kinder und auf die Entwicklung der Kinder zu eigenverantwortlichen, gemeinschaftsfähigen und selbstbestimmten Persönlichkeiten" abzielt. Außerdem wird das Thema Vernetzung und Kooperation adressiert im Sinne einer Erziehungs- und Bildungspartnerschaft zur Familienergänzung unter Berücksichtigung „sozialer, religiöser und kultureller Prägungen der Familie". Kindertagesstätten sollen mit anderen Stellen zur „Gestaltung eines durchgängigen Bildungsprozesses zusammenarbeiten" und dürfen die Dokumente bei Einverständnis der Eltern auch den Schulen zur Verfügung stellen. Sprachlich scheint das Gesetz keiner reinen Subsumtionslogik „aufeinander aufbauender Bildungsprozesse", sondern eher einem durchlässigen Bildungsgedanken zu folgen, der institutionelle Verweisungen weniger linear sieht.	Erkennbar ist ein differenziertes, sozialpädagogisches Bildungsverständnis, das die gesellschaftlichen wie individuellen Bildungsbedarfe enthält. Es ist kindzentriert und changiert zwischen individualistischen und gesellschaftlichen Anforderungen.
Nordrhein-Westfalen Gesetz zur frühen Bildung und Förderung von Kindern (Kinderbildungsgesetz – KiBiz)	Das Gesetz (§ 2) legt den Anspruch der Kinder auf „Bildung und auf Förderung seiner Persönlichkeit" fest, der vor allen den „Kernaufgaben der Familie" entspricht, während die Erziehung „in der vorrangigen Verantwortung seiner Eltern" verortet und „die Familie als „erster [...] und wichtiger Lern- und Bildungsort des Kindes" gerahmt wird. Die Bildungs-	Es findet sich ein konstruktivistischer, zum Teil transformatorischer und kindorientierter Bildungsbegriff, ähnlich wie er im Situationsansatz formuliert wird. Er orientiert sich insbesondere an den Stärken der Kinder und versteht

93

Bundesland	Hinweise	Kurzkommentar
Zugehöriger Plan: *Bildungsgrundsätze für Kinder von 0 bis 10 Jahren in Kindertagesbetreuung und Schulen im Primarbereich in Nordrhein-Westfalen*	und Erziehungsarbeit in den Kitas ist somit familienergänzend und inklusiv (§ 8). Förderung kristallisiert sich als Kernaufgabe der Kita heraus. § 15 „Frühkindliche Bildung" formuliert einen konstruktivistischen Bildungsbegriff aus. Demnach wird Bildung als „aktive Auseinandersetzung des Kindes mit seiner Umgebung auf der Grundlage seiner bisherigen Lebenserfahrung" gedacht. Über eine anregungsreiche und sichere Umgebung wird eine „gemeinsame Bildung und Erziehung aller Kinder mit individueller Förderung" verbunden, damit „alle Kinder sich in ihren unterschiedlichen Fähigkeiten und Lebenssituationen anerkennen, positive Beziehungen aufbauen, sich gegenseitig unterstützen, zu Gemeinsinn und Toleranz befähigt [werden] und in ihrer interkulturellen Kompetenz gestärkt werden." § 16 schreibt diesen Gedanken unter Bezug auf Partizipation fort: „Die Bildungs- und Erziehungsarbeit wirkt darauf hin, Kinder zur gleichberechtigten gesellschaftlichen Teilhabe zu befähigen und damit ein demokratisches Grundverständnis zu entwickeln." Kinder werden hier als „Beings" sowie aktive Akteur:innen konstruiert. Der Bildungsbegriff ist konstruktivistisch und alltagsorientiert.	diese im besonderen Maße als aktive Akteur:innen ihrer Lebenswelt. Im Gegensatz zu den anderen Gesetzestexten gibt es hier auch ein § 7 festgeschriebenes Diskriminierungsverbot: „Die Aufnahme eines Kindes in eine Kindertageseinrichtung darf nicht aus Gründen seiner Rasse oder ethnischen Herkunft, seiner Nationalität, seines Geschlechtes, seiner Behinderung, seiner Religion oder seiner Weltanschauung verweigert werden." Die pädagogische Arbeit ist dabei insgesamt an den „Grundsätzen zur Bildungsförderung für Kinder" zu orientieren (§ 17).
Rheinland-Pfalz Landesgesetz über die Erziehung, Bildung und Betreuung von Kindern in Tageseinrichtungen und in Kindertagespflege Rheinland-Pfalz *(KiTaG)* **Zugehöriger Plan:** *Bildungs- und Erziehungsempfehlungen für Kindertagesstätten in Rheinland-Pfalz plus Qualitätsempfehlungen*	Bildung ist neben Erziehung und Betreuung Teil des „Förderauftrags" der Kitas, welche „allen Kindern gleiche Entwicklungs- und Bildungschancen bieten" soll, wird jedoch nicht explizit als spezifischer Bildungsimpetus ausgewiesen (§ 1). Zentraler Grundsatz ist die Förderung der Kinder als Individuen sowie Teil einer Gruppe; das Leben in einer demokratischen Gesellschaft soll erfahrbar werden. Zudem sind die Meinung und der Wille des Kindes zu berücksichtigen. Darüber hinaus wird auf die notwendige Information, Abstimmung und Zusammenarbeit zwischen Kita und Grundschulen mit Blick auf die jeweiligen „Bildungskonzepte" hingewiesen.	Das Gesetz wirkt insgesamt recht eltern- und trägerorientiert. Dies fügt sich in den Kontext, dass etwa das Recht auf Bildung oder eine Bildungsorientierung unerwähnt bleiben, vielmehr Erziehung (und Förderung als Behälterbegriff) im Zentrum stehen, während der Bildungsbegriff kaum eine Ausgestaltung erfährt.
Saarland Saarländisches Bildungs-, Erziehungs- und Betreuungsgesetz *(SBEBG)* **Zugehöriger Plan:** *Bildungsprogramm mit Handreichungen für Saarländische Krippen und Kindergärten*	Die Trias von Bildung, Erziehung und Betreuung orientiert sich „an dem mit den Einrichtungsträgern vereinbarten Bildungsprogramm mit Handreichungen" für Krippen und Kitas im Saarland und umfasst „unter Achtung der Würde des Kindes" eine gewaltfreie Bildung, Erziehung und Betreuung (§ 1). Die Aufgaben der Kitas sind familienergänzend und -unterstützend durch „allgemeine und gezielte Bildungs- und Erziehungsangebote" (§ 3), etwa durch die Vermittlung „orientierender Werte und Regeln" (§ 1).	Bereits in § 1 wird auf das vereinbarte „Bildungsprogramm mit Handreichungen für saarländische Krippen und Kindergärten" hingewiesen, welches neben dem Gesetz die pädagogische Arbeit grundiert. Im Gesetz selbst findet sich kaum eine Ausdifferenzierung des Bildungsbegriffs. Die Ausführungen scheinen diesbezüglich rudimentär und fachkräfteorientiert, zum Thema Bildung lässt sich kaum etwas Spezifisches entnehmen.

Bundesland	Hinweise	Kurzkommentar
	Erziehungsberechtigte sind zudem „bei Entscheidungen und in wesentlichen Angelegenheiten […] angemessen zu beteiligen" (§ 7) ebenso wie die Kinder entsprechend ihrem Entwicklungsstand (§ 1).	
Sachsen Sächsisches Gesetz zur Förderung von Kindern in Tageseinrichtungen *(Gesetz über Kindertageseinrichtungen – SächsKitaG)* Zugehöriger Plan: *Der sächsische Bildungsplan – ein Leitfaden für pädagogische Fachkräfte in Krippen, Kindergärten und Horten sowie für Kindertagespflege*	Über den als „ganzheitlich" charakterisierten „Bildungs-, Erziehungs- und Betreuungsauftrag" soll vor allem der Erwerb und die Förderung „sozialer Kompetenzen wie der Selbständigkeit, der Verantwortungsbereitschaft und der Gemeinschaftsfähigkeit, der Toleranz und Akzeptanz gegenüber anderen Menschen, Kulturen und Lebensweisen sowie gegenüber behinderten Menschen" sowie die „Ausbildung von geistigen und körperlichen Fähigkeiten und Fertigkeiten insbesondere zum Erwerb von Wissen und Können, einschließlich der Gestaltung von Lernprozessen" (§ 3) initiiert werden. Schule wird als bedeutsame Anschlussinstitution positioniert. Dabei wird nicht wie in anderen Gesetzen ein durchgängiger, sondern ein aufbauender/anschlussfähiger Auftrag formuliert, der von der Schule her gedacht scheint.	Die in Kindertageseinrichtungen präsentierten Bildungsangebote sind so zu konzipieren, dass sie den Übergang in die Schule befördern. Zudem stellen die Angebote eine ausdrückliche Grundlage für Maßnahmen der Gesundheitsförderung dar. Die Angebote sind gemäß dem SächsGVB inklusiv auszurichten und Kinder mit „Behinderungen oder von Behinderung bedrohte Kinder" in Kindertageseinrichtungen aufzunehmen. Dabei bildet der „Sächsische Bildungsplan" die Grundlage für die Gestaltung der pädagogischen Arbeit (§ 2).
Sachsen-Anhalt Gesetz zur Förderung und Betreuung von Kindern in Tageseinrichtungen und in Tagespflege des Landes Sachsen-Anhalt *(Kinderförderungsgesetz – KiFöG)* Zugehöriger Plan: *Bildungsprogramm für Kindertageseinrichtungen in Sachsen-Anhalt*	Die „Betreuungs- und Förderungsangebote sollen sich pädagogisch und organisatorisch an den Bedürfnissen der Kinder und ihrer Familien" unter entwicklungsspezifischen Gesichtspunkten orientieren und die familiale Erziehung ergänzen und unterstützen sowie den Kindern ermöglichen, „Erfahrungen über den Familienrahmen hinaus" zu sammeln (§ 5).	Die Bildungsarbeit in den Kindertageseinrichtungen „unterstützt die natürliche Neugier der Kinder, fordert Bildungsprozesse heraus, greift Themen der Kinder auf und erweitert sie" auf der Grundlage des Bildungsprogramms „Bildung: elementar – Bildung von Anfang an" unter besonderer Berücksichtigung der Sprachförderung (§ 5).
Schleswig-Holstein Gesetz zur Förderung von Kindern in Kindertageseinrichtungen und in Kindertagespflege *(Kindertagesförderungsgesetz – KiTaG)* Zugehöriger Plan: *Leitlinien zum Bildungsauftrag von Kindertageseinrichtungen in Schleswig-Holstein*	Über die Förderung in Kindertageseinrichtungen und in der Kindertagespflege soll „die Entwicklung des Kindes zu einer selbstbestimmten, eigenverantwortlichen und gemeinschaftsfähigen Persönlichkeit" gefördert, die Erziehung und Bildung in der Familie ergänzt respektive unterstützt werden. Eltern soll durch Betreuungsangebote geholfen werden, „Erwerbstätigkeit, Kindererziehung und familiäre Pflege besser miteinander" zu vereinbaren (§ 6). Die Teilhabe an den Bildungsbereichen soll auch der Vorbereitung auf den Schuleintritt dienen.	Die inklusiv ausgerichteten Formen von Erziehung und Bildung von Kindern mit unterschiedlichen sozialen, nationalen und kulturellen Erfahrungen sollen dazu beitragen, dass „Kinder sich in ihrer Unterschiedlichkeit anerkennen, emotional positive Beziehungen zueinander aufbauen und sich gegenseitig unterstützen" (§ 19). Um die psychische Entwicklung von Kindern und ein gesundes Aufwachsen sicherzustellen, werden die Pädagog:innen aufgefordert, auf eine gesunde Ernährung, Bewegung sowie die tägliche Zahnpflege der Kinder zu achten. Über die Angebote sollen Kinder, so wird weiter ausgeführt,

Bundesland	Hinweise	Kurzkommentar
		gefördert werden, „sich mit dem Mensch-Natur-Verhältnis und mit Fragen des gesellschaftlichen Zusammenlebens auseinanderzusetzen", auch um die Fähigkeit zu erwerben, „mit komplexen Situationen umzugehen, sich zu beteiligen und eigene Standpunkte zu entwickeln" sowie „bei allen Angelegenheiten, die sie betreffen, zu beteiligen" (§ 19).
Thüringen Thüringer Gesetz über die Bildung, Erziehung und Betreuung von Kindern in Kindergärten, anderen Kindertageseinrichtungen und in Kindertagespflege als Ausführungsgesetz zum Achten Buch Sozialgesetzbuch *(Thüringer Kindergartengesetz – ThürKigaG)* Zugehöriger Plan: *Thüringer Bildungsplan bis 18 Jahre – Bildungsansprüche von Kindern und Jugendlichen*	In Anerkennung der vorrangigen Verantwortung der Eltern realisieren die unterschiedlichen Angebotsformen laut Gesetz Praktiken der Bildung, Erziehung und Betreuung von Kindern, von Kindern bis zu drei Jahren familiennah im Haushalt der Tagespflegeperson, der Eltern oder in anderen geeigneten Räumen und von älteren Kindern in Kindertageseinrichtungen. Kinder der Klassenstufen eins bis vier haben zudem ebenfalls einen Rechtsanspruch auf Förderung in einer Kindertageseinrichtung.	Den Kindertageseinrichtungen kommt ein familienunterstützender und familienergänzender Förderungsauftrag zu. Die Themen der Kinder sollen aufgegriffen und die eigenaktiven Bildungsprozesse von Kindern gefördert werden. Eine gemeinsame Förderung für „Kinder mit besonderem Förderbedarf [...] erfolgt in allen Kindertageseinrichtungen (Regeleinrichtungen und integrative Einrichtungen), wenn eine dem besonderen Bedarf entsprechende Förderung gewährleistet ist" (§ 8). Grundlage der pädagogischen Arbeit ist der „Thüringer Bildungsplan".

Rechtsexpertise

Ein erweiterter Bildungsbegriff im SGB VIII

Johannes Münder

Vorbemerkung

Der Pestalozzi-Fröbel-Verband ist ein gemeinnütziger Verein, dessen Arbeitsgebiet die Förderung von Kindern ist, einer seiner Arbeitsschwerpunkte ist die pädagogische Arbeit in den Kindertageseinrichtungen (Krippe und Hort). Seit längerer Zeit befasst er sich intensiv mit der Funktion des Begriffs „Bildung" für die Förderung von Kindern in den Tageseinrichtungen. Dieser Begriff hat eine zentrale Stellung in § 22 Abs. 3 SGB VIII. Dort wird festgehalten, dass der Förderungsauftrag der Tageseinrichtungen (und der Kindertagespflege) „Erziehung, Bildung und Betreuung des Kindes" umfasst.

Da unter dem Begriff „Bildung" (immer noch) häufig Bildung im Sinne formalisierter Bildung vornehmlich in der Schule verstanden wird, setzt sich der Pestalozzi-Fröbel-Verband in seiner Arbeit und auf seinen Fachtagungen damit auseinander, wie der Bildungsbegriff in den Kindertageseinrichtungen im Sinne eines erweiterten Bildungsbegriffs gefasst werden kann und sollte, um strukturell, inhaltlich und methodisch im Kinder- und Jugendhilfegesetz verankert werden zu können.

Angeregt durch Beiträge im Rahmen der Fachtagung 2021 und gefördert durch das Bundesministerium für Familie, Senioren, Frauen und Jugend befasst er sich nicht nur auf erziehungswissenschaftlicher Fachebene mit dieser Thematik, sondern will prüfen, ob durch entsprechende Formulierungen im Kinder- und Jugendhilfegesetz, konkret also in § 23 Abs. 3 SGB VIII, eine Formulierung gefunden werden kann, die dieses erweiterte Bildungsverständnis zum Ausdruck bringt. Hierzu hat er bei Erziehungswissenschaftler:innen eine Expertise in Auftrag gegeben, mit der herausgearbeitet werden soll, welches die Inhalte und Begriffe eines erweiterten Bildungsverständnisses heute sein können und sind. Auf der Basis dieses Gutachtens hat er weiterhin eine Rechtsexpertise in Auftrag gegeben, die untersuchen soll, ob und wie eine solche Verankerung rechtlich möglich ist und wie sie, bis hin zu einer gesetzlichen Formulierung, umgesetzt werden kann.

Die Ergebnisse der Rechtsexpertise werden hiermit vorgelegt. Die rechtliche Expertise umreißt zunächst (kurz und zusammenfassend), inwiefern für die Rechtsexpertise der durch die erziehungswissenschaftliche Expertise dargestellte erweiterte Bildungsbegriff Gegenstand der rechtlichen Untersuchung ist (Kapitel 1). Auf dieser Basis wird dann (Kapitel 2) ein Formulierungsvorschlag für eine Änderung des jetzigen § 23 Abs. 3 Satz 1 und 2 entwickelt. Anschließend (Kapitel 3) wird unter dem Stichwort der juristischen Funktionalität deutlich gemacht, welche Regelungsmöglichkeit für einen möglichen erweiterten Bildungsbegriff im SGB VIII bestehen, bevor in die Prüfung der verfassungsrechtlichen Möglichkeiten eingetreten wird. Hier wird untersucht, inwiefern verfassungsrechtlich eine Bundeskompetenz besteht, um einen solchen erweiterten Bildungsbegriff im SGB VIII zu regeln (Kapitel 4). Sofern dies möglich ist, ist dann (Kapitel 5) zu prüfen, ob die vorgeschlagene Regelung gegen die kommunale Selbstbestimmung verstößt. Das Ergebnis wird abschließend (Kapitel 6) kurz erläutert.

1 Erziehungswissenschaftliche Erkenntnisse und erweiterter Bildungsbegriff

Der Begriff „Bildung" ist einer der zentralen Gegenstände der Erziehungswissenschaften. Deswegen ist es nicht verwunderlich, dass in der Expertise von Kaul/Cloos/Simon/Thole deutlich wird, welche verschiedenen, zum Teil unterschiedlichen Theorieansätze mit dem Begriff Bildung verbunden werden. Bezieht man sich – was die erziehungswissenschaftliche Expertise tut – auf die in § 22 Abs. 3 Satz 1 SGB VIII unter dem Oberbegriff der Förderung zusammengefasste Trias Erziehung, Bildung, Betreuung, ergibt sich die Notwendigkeit, sich auch mit diesen beiden, neben der Bildung genannten, Aspekten der Erziehung und Betreuung zu befassen. Vor diesem Hintergrund werden hinsichtlich der „Bildung" eine Anzahl verschiedener Perspektiven benannt und unterschiedliche Schwerpunkte betont.

Berücksichtigend, dass das Verständnis und die theoriebezogene Bearbeitung von Bildung immer durch gesellschaftliche Diskurse und Entwicklungen beeinflusst und geprägt wurde und wird, so z. B. ausgehend von der von Picht im Jahr 1964 formulierten „Bildungskatastrophe" über die PISA-Debatten bis hin zu der durch die Debatten um das Anthropozän geprägten Erkenntnis, dass es nicht um Weltbeherrschung, sondern um Weltverständnis, d. h. um ein kritisches Verhältnis von Mensch und Natur geht, dies alles wiederum reflektiert von feministischen Analysen, wird vor diesem Hintergrund bezogen auf den Begriff Bildung eine Anzahl verschiedener Aspekte mit durchaus unterschiedlichen Schwerpunkten behandelt.

Dargestellt wird, dass die erziehungswissenschaftliche Perspektive von Bildung auf die Persönlichkeitsentwicklung durch vielseitige Anregungen, d. h. auch durch Lernen fokussiert. So trägt Bildung dazu bei, dass sich das Kind als Subjekt in der sozialen Welt verortet, sie versteht und reflektiert. Mittels der sich entwickelnden Fähigkeiten kann das Kind sich zunehmend die Welt erschließen, seine Kommunikationsmöglichkeiten ausbauen und damit Einfluss und Mitgestaltung erlangen. Wesentlich stehen die Subjektivität, Personalität und Identität des Kindes im Mittelpunkt. Ausgeführt wird, dass Bildung, verstanden als kontinuierliche Aktivierung der kindlichen Potenziale, nicht nur die Bestimmung hat, Realität anzunehmen, zu erleben, gar zu ertragen, sondern ausgehend von dieser Situation zugleich Verantwortung für die Gestaltung (und damit grundsätzlich auch zur Veränderung) von Situationen, sozialen Bezügen und der Mitwelt hat.

Debatten der jüngeren Zeit weisen auf die Bedeutung der Eigenaktivität des

Kindes und zugleich auf die Verflechtung und das Zusammenwirken mit den Mitmenschen, auch in den Kindergruppen, für die kindliche Kompetenzentwicklung hin. Die gemeinsame Arbeit an den Bildungsprozessen zwischen dem Kind, der Gruppe der Gleichaltrigen und den Erwachsenen rückt in den Vordergrund.

In der fachwissenschaftlichen Expertise werden unterschiedliche Schwerpunkte herausgestellt, die die Bildung in früher Kindheit beeinflussen. Unter dem Stichwort Bildung als (Entwicklungs-)Förderung werden angebotsorientierte und bereichsspezifische Inhalte betont. Dabei geht es nicht um abstrakte, sondern an den Lebenswelten der Kinder anknüpfende konkrete Inhalte und Aufgaben, so dass eine kindzentrierte und ressourcenorientierte Ausrichtung im Vordergrund steht.

Mit dem Stichwort von Bildung als Alltags- und Lebensbildung wird ein Ansatz für die Förderung in Tageseinrichtung besonders relevant, da er sich relativ komplikationslos als anschlussfähig an die an regelmäßigen Abläufen orientierte Bildungsarbeit in Kindertageseinrichtungen erweist. Mit Konzentration auf eher beiläufige, alltägliche Gestaltungen und Verrichtungen bei Betonung, dass hierfür das Spiel als zentraler Zugang des Kindes zur Welt gerade in den Kindertageseinrichtungen vor Beginn des Schulbesuchs seine Bedeutung hat, wird erkennbar, dass hier ein besonderer Bezug zur frühpädagogischen Bildung in Kindertageseinrichtungen, nämlich zu Selbstbildung und Eigenaktivität, besteht.

Mit der Herausarbeitung, dass frühkindliche Bildung sich nicht nur im Raum der Einrichtung abspielt und abspielen kann, wird die Anerkennung von Bildung im sozialen Raum zu einem weiteren wichtigen Bezugspunkt des frühpädagogischen Bildungsbegriffs.

Weitere Bereiche des erziehungswissenschaftlichen Diskurses können für die Konstituierung des Bildungsbegriffs Bedeutung gewinnen. Hier erwähnt die Expertise, dass Bildung auch in Teilen als Förderung gefasst werden muss, etwa im Bereich der Sprachbildung und Sprachförderung sowie weiterer domänenspezifischer Förderungsbereiche. Darauf hingewiesen wird, dass Bildung auch eng vernetzt ist mit dem Bereich der Prävention, also mit dem vornehmlich unter den Begriff der Betreuung eingeordneten Schutzauftrag der Kindertageseinrichtung hinsichtlich von Kindeswohlgefährdung, sexuellem Missbrauch. Schließlich wird in Abgrenzung, ja im Gegensatz zu der auf Effektivität orientierten Leistung in der Schule Bildung in der Frühpädagogik als ein Ort ohne Zeitdruck, als *slow pedagogy*, verstanden und die Stärke der frühkindlichen Bildung gerade darin gesehen.

Schließlich haben die Ausbeutung und der unhinterfragte Verbrauch der natürlichen Ressourcen und die dadurch bedingte Gefährdung der naturgegebenen Grundlagen zu einem Nachdenken und zu einer weiteren Entwicklung auch über die Bedeutung der Bildung im frühpädagogischen Bereich geführt. Noch am Anfang stehend weist diese bildungstheoretische Diskussion darauf hin, dass auch

Bildung im Sinne einer Nachhaltigkeit inhaltlich zu erweitern sei, ja dass darüber hinaus der Begriff Bildung neu und stärker mit ethisch-ökologischen Inhalten der Mensch-Natur-Beziehung zu füllen sei.

Diese Aspekte und die Tatsache, dass Bildung immer von den jeweiligen konkreten gesellschaftlichen Verhältnissen beeinflusst und damit entwicklungsfähig und veränderbar ist, bedeutet, dass ein für die pädagogische Anwendung geeigneter, in rechtliche Bestimmungen gefasster Bildungsbegriff nicht statisch, sondern offen sein muss. Offenheit des Bildungsbegriffs bedeutet nicht Beliebigkeit, vielmehr ist es die verantwortungsvolle Aufgabe der pädagogischen Fachkräfte, Kindern vielseitige Erfahrungen zu ermöglichen, unter Berücksichtigung von hoher Selbstbestimmung und Beteiligung. Der Bildungsbegriff muss auf der Basis des Erwerbs und der Festigung von Fähigkeiten durch Lernen Kinder befähigen, Wirklichkeit und zugleich Veränderbarkeit der Realität zu erfassen und so dazu führen, dass Kinder Realität nicht nur erleben, sondern dass sie diese gestalten können und somit auch eine Mitverantwortung für diese Gestaltung haben.

2 Vorschlag für die Formulierung eines erweiterten Bildungsbegriffs in § 22 Abs. 3 SGB VIII

Dass der Versuch, die vorgehend sehr skizzenhaft zusammengefassten Erkenntnisse der erziehungswissenschaftlichen Expertise zu einem erweiterten Bildungsbegriff in eine Gesetzesformulierung umzusetzen, schwierig ist, bedarf nicht der Begründung. Bei jeder Formulierung sind (umfangreiche) Debatten und Kritik nicht überraschend. Tröstlich mag sein, dass dies schon in der erziehungswissenschaftlichen Expertise erkannt wurde, wenn darauf hingewiesen wird (S. 36), dass „jeder Versuch, Bildung inhaltlich zu fassen, nicht nur herausfordernd, sondern auch konfrontiert mit dem Wissen (ist), zu scheitern."

Bei einem solchen Versuch sind zudem einige juristischen Aspekte zu beachten. So wird nachvollziehbar sein, dass im Kinder- und Jugendhilfegesetz, mit seinen über 100 Paragrafen, ja selbst im engeren Bereich der §§ 22–24 SGB VIII, kein ausführlicher Text für einen erweiterten Bildungsbegriff verankert werden kann. Hinzu kommt, wie auch in der erziehungswissenschaftlichen Expertise ausgeführt, dass angesichts der im Gesetz unter dem Oberbegriff der Förderung von Kindern verwendeten Begriffe „Erziehung, Bildung, Betreuung" eine Neuformulierung des Bildungsbegriffs zu entsprechenden (Folge-)Änderungen bei den Begriffen der Erziehung und der Betreuung führen muss, sowie zumindest zur ergänzenden Ausführung zum Begriff der Förderung. Außerdem wollte ich mich nicht zu sehr von der gegenwärtigen Struktur der hier relevanten Regelung in § 22 Abs. 3 SGB VIII entfernen. Dort werden in Satz 1 die hier genannten Begriffe erwähnt, denen sich in den Sätzen 2 und 3 ergänzende Ausführungen anschließen. Der im Folgenden gemachte Vorschlag ersetzt die bisherigen Sätze 1 und 2, lässt den Satz 3 jedoch unverändert. Hieraus ergibt sich die folgende Formulierung.

§ 22 Abs. 3 SGB VIII

1 **Förderung** umfasst Erziehung, Bildung und Betreuung des Kindes, sie bezieht sich auf die soziale, emotionale, körperliche und geistige Entwicklung des Kindes, sie geht vom Kind aus, ihre Basis ist eine gute pädagogische Beziehung.

2 **Erziehung** unterstützt die Entwicklung von Mündigkeit und Autonomie, das Erlernen von Werten und Regeln, die Anerkennung von Vielfalt sowie die Achtung der natürlichen Grundlagen der Welt.

3 **Bildung** ist nonformale Bildung, sie wird ermöglicht durch Spiel und alltagsintegrierte Förderung, die die Selbstentfaltung des Kindes, die Erschließung der Umwelt, die Aneignung von Kenntnissen und Erfahrungen, den Erwerb von Sprache und von Kulturtechniken sowie die bewusste Auseinandersetzung mit diesen unterstützt.

4 **Betreuung** ist Aufmerksamkeit und Sorge für das leibliche und psychische Wohlbefinden des Kindes, wodurch das Kindeswohl gesichert und vor Schädigungen jeglicher Art geschützt wird.

Der bisherige Satz 3 bleibt und wird zum Satz 5.

3 Erweiterter Bildungsbegriff und juristische Funktionalität

Um Menschen zu bestimmten Verhaltensweisen zu veranlassen oder bestimmte Verhaltensweisen zu verhindern, um bestimmte Ziele zu erreichen oder zu vermeiden, werden nicht selten Rechtsnormen eingesetzt. In diesem Zusammenhang ist Recht funktional, es hat eine steuernde Funktion, um ein bestimmtes Verhalten, um konkrete Ziele zu erreichen. Damit dies realisiert werden kann, müssen die rechtlichen Regelungen grundsätzlich klar, verständlich, präzise sein. Das gilt besonders dort, wo Rechtsnormen Ansprüche einräumen, Verpflichtungen auferlegen. Im Sozialrecht und so auch in der Kinder- und Jugendhilfe findet sich eine Vielzahl derartiger Bestimmungen. Das bedeutet nicht, dass in einem Bundesgesetz, hier dem SGB VIII, alle Details und Einzelheiten bestimmt werden müssen. Zum Teil räumt der Bundesgesetzgeber ausdrücklich den Ländern das Recht ein, dass „Nähere" zu bestimmen.[1]

---

1 Dies ist z. B. bei § 26 SGB VIII der Fall hinsichtlich der näheren Bestimmungen über die Förderung von Kindern. Dabei ist eine solche Formulierung eigentlich nur hinweisend für die Landesgesetzgeber, denn schon aus Art. 72 GG, der Grundgesetzbestimmung über die konkurrierende Gesetzgebung, heißt es in Absatz 1: „Im Bereich der konkurrierenden Gesetzgebung haben die Länder die Befugnis zur Gesetzgebung, solange und soweit der Bund von seiner Gesetzgebungs-

Zudem werden die Bundesgesetze nach Art. 83 GG von den Ländern als eigene Angelegenheiten ausgeführt. Und da in einem Gesetz faktisch nie alle Details und Einzelheiten geregelt werden können, haben die Länder und damit auch die kommunalen Gebietskörperschaften, die organisationsrechtlich zu den Ländern gehören, im Rahmen der Ausführung von Gesetzen dort, wo die Gesetze keine Detailregelungen getroffen haben, die Möglichkeit, entsprechend ihren Vorstellungen die Gesetze auszuführen.

Ein Beispiel hierfür ist etwa § 24 Abs. 3 SGB VIII, wonach ein Kind vom vollendeten dritten Lebensjahr bis zum Schuleintritt einen Anspruch auf Förderung in einer Tageseinrichtung hat. Diese Bestimmung enthält einerseits die Begründung eines Rechts für die entsprechenden Kinder und verpflichtet andererseits die zuständigen Träger der öffentlichen Jugendhilfe zur Förderung bzw. die Förderung durch Leistungen Dritter sicherzustellen. Eine Vielzahl von Einzelheiten (etwa in welchem zeitlichen Umfang der Anspruch besteht, wie weit die Tageseinrichtung vom Wohnort des Kindes entfernt sein kann usw.) wird durch das Bundesgesetz SGB VIII nicht geregelt. Das Bundesgesetz regelt eben nur den Grundsatz, den Rechtsanspruch des entsprechenden Kindes. Hier können die einzelnen Bundesländer innerhalb dieses Rahmens landesrechtliche Regelungen treffen. Außerdem haben die Länder und mit ihnen die kommunalen Gebietskörperschaften bei der Ausführung des SGB VIII, auf dieser praktisch sehr relevanten Ebene der Ausführung des Gesetzes, nochmals die Möglichkeit, die Anwendung des Rechts zu beeinflussen.

Diese funktionalen Rechtsregelungen sowohl auf Bundes- wie auf Landesebene können und sind in ihrer Rechtsverbindlichkeit unterschiedlich. Aus Sicht der Bürgerinnen und Bürger ist „die beste" Rechtsregelung diejenige, die den Bürgern individuelle, subjektive Rechtsansprüche einräumt, wie z. B. § 24 Abs. 3 SGB VIII dem Kind. Solche Rechtsansprüche können auch nicht so deutlich gefasst werden, z. B. gibt es auch im SGB VIII Rechtsansprüche, in denen formuliert wird, dass die Träger der öffentlichen Jugendhilfe entsprechende Leistungen erbringen sollen. Und wenn den leistungsverpflichteten Trägern besonders viel Gestaltungsspielraum eingeräumt wird, dann gibt es auch Rechtsansprüche, deren Erfüllung vom Ermessen der Träger der öffentlichen Jugendhilfe abhängen (sog. Kann-Leistungen), was nicht bedeutet, dass hier willkürlich entschieden werden kann, aber eben weitere Gesichtspunkte herangezogen werden können, ob eine Leistung und, wenn ja, in welchem Umfang sie erbracht wird.

Funktionale Normen können sich auch nur an die Rechtsverpflichteten, hier also die Träger der öffentlichen Jugendhilfe, wenden, das sind sog. objektive Rechtsverpflichtungen. Die Gründe, anstelle von subjektiven Rechtsansprüchen

---

zuständigkeit nicht durch Gesetz Gebrauch gemacht hat." Wenn also im SGB VIII Einzelheiten nicht geregelt sind, können dies die Länder regeln.

objektive Rechtsverpflichtungen für die Träger der öffentlichen Jugendhilfe vorzusehen, sind unterschiedlich, vornehmlich geschieht dies oft aus finanziellen Überlegungen. Denn bei subjektiven, individuellen Rechtsansprüchen sind die Träger der öffentlichen Jugendhilfe verpflichtet zu leisten, ob sie wollen oder nicht, ob sie im Etat genügend Finanzmittel bereitgestellt haben oder nicht. Während bei nur Rechtsverpflichtungen, die die Träger der öffentlichen Jugendhilfe verpflichten, dieser Verpflichtung kein Klagerecht von Bürgerinnen und Bürgern gegenübersteht, so dass sie nicht durch Gerichte verpflichtet werden können, entsprechende Leistungen zu erbringen.

Neben diesen Rechtsverpflichtungen, seien sie subjektiv, seien sie objektiv, gibt es in den Gesetzen auch andere rechtliche Ausführungen.

Über solche funktionalen Regelungen hinaus finden sich in den Gesetzen auch andere rechtliche Ausführungen. Gerade im Sozialrecht und damit auch in der Kinder- und Jugendhilfe erläutert der Gesetzgeber bisweilen, was mit den Regelungen des jeweiligen Gesetzes beabsichtigt ist, was seine Vorstellungen und Zielsetzungen sind. Das findet sich z. B. im SGB VIII für das gesamte Gesetz in § 1 SGB VIII. Für die Förderung von Kindern in Tageseinrichtungen und in Kindertagespflege finden sich solche „Grundsätze der Förderung" in § 22 SGB VIII, wenn es in § 22 Abs. 3 SGB VIII heißt, dass der Förderungsauftrag Erziehung, Bildung und Betreuung des Kindes umfasst und sich auf die soziale, emotionale, körperliche und geistige Entwicklung des Kindes bezieht. Solche Regelungen unterscheiden sich von den funktionalen Gesetzesregelungen, sie werden üblicherweise als Programmsätze bezeichnet. Mit ihnen beschreibt der Gesetzgeber seine programmatischen Vorstellungen darüber, was mit den in diesem Zusammenhang weiteren Bestimmungen, gegebenenfalls auch funktionalen Normen, erreicht werden soll. Dies geschieht oft durch eher allgemeine Formulierungen. Aus solchen Programmsätzen ergeben sich keine unmittelbaren Rechtsfolgen, weder dahingehend, dass Personen Rechte eingeräumt werden, noch, dass Anderen (hier z. B. den Trägern der öffentlichen Jugendhilfe) Verpflichtungen auferlegt werden.

Die dort in § 22 Abs. 3 SGB VIII im Zusammenhang mit Erziehung und Betreuung des Kindes genannte Bildung ist nicht funktional steuernd,[2] sondern der Begriff erläutert die programmatischen Überlegungen und Vorstellungen des Gesetzgebers im Zusammenhang mit der Schaffung dieser Norm. Die Tatsache, dass es sich mit dem Begriff „Bildung" um eine programmatische Aussage handelt, und nicht um eine funktionale Norm, hat Auswirkungen auf die beabsichtigte rechtliche Umsetzung eines erweiterten Bildungsbegriffs.

---

2 Erkennbar wird dies durch die Struktur der Norm: Es handelt sich nicht um eine klassisch funktionale Regelung, bei der Voraussetzungen benannt werden, die vorliegen müssen (juristisch: sog. Tatbestand – im Beispiel das Vorliegen der Vollendung des dritten Lebensjahres), um dann die Rechtsfolge (im Beispiel Anspruch auf Förderung in einer Tageseinrichtung) auszulösen.

4 Verfassungsrechtliche Bundeskompetenz für einen erweiterten Bildungsbegriff im SGB VIII

4.1 Bundeskompetenz nach Art. 74 Abs. 1 Nr. 7, Art 72 Abs. 2 GG

Nach Art. 70 GG haben grundsätzlich die Länder das Recht zur Gesetzgebung, es sei denn, das Grundgesetz sieht ausdrücklich Gesetzgebungsbefugnisse für den Bund vor. Im Verhältnis zwischen Bund und den Bundesländern geschieht dies im Wesentlichen durch die Bestimmungen der konkurrierenden Gesetzgebung in Art. 74 GG. Für den hier behandelten Bereich ist Art. 74 Abs. 1 Nr. 7 GG, die „öffentlichen Fürsorge", von Bedeutung.

Ob insbesondere die Förderung von Kindern in Tageseinrichtungen unter diesen Begriff der öffentlichen Fürsorge fällt, ist im Grunde nicht mehr umstritten. Zwar hatte der Bayerische Verfassungsgerichtshof entschieden, dass die Förderung von Kindern in Tageseinrichtungen mit ihren Elementen von Erziehung, Bildung und Betreuung nicht unter den Begriff der „öffentlichen Fürsorge" falle.[3] Diese Entscheidung ist jedoch vereinzelt geblieben, das Bundesverfassungsgericht hat sie ausdrücklich abgelehnt.[4]

In seiner Rechtsprechung hat das Bundesverfassungsgericht bei der Auslegung des Art. 74 Abs. 1 Nr. 7 GG aufgrund des Sozialstaatsprinzips stets eine weite Auslegung vertreten. In seiner letzten diesbezüglich einschlägigen Entscheidung vom 21.07.2015 hat es nochmals betont, dass der Begriff der öffentlichen Fürsorge in Art. 74 Abs. 1 Nr. 7 GG nicht eng auszulegen sei, es genüge, dass eine potentielle Bedürftigkeit bestehe, auf die der Gesetzgeber reagiere.[5] So hat es mehrfach hinsichtlich des Kinder- und Jugendhilferechts entschieden, dass die Jugendhilfe in diesem weiten Verständnis unter Art. 74 Abs. 1 Nr. 7 GG fällt, auch dann, wenn sie nicht in konkreten Notlagen (wie zum Beispiel bei einer Kindeswohlgefährdung), sondern auch, wenn sie präventiv zur Förderung junger Menschen tätig ist.[6]

Wenn so der Bundesgesetzgeber im Bereich der konkurrierenden Gesetzgebung für die in Art. 74 Abs. 1 Nr. 7 GG angesprochene öffentlichen Fürsorge die Gesetzgebungskompetenz hat, also entsprechende Gesetze erlassen kann, so hat er für die Materien des Art. 74 Abs. 1 Nr. 7 GG den Art. 72 Abs. 2 GG zu beachten. Er kann Regelungen hier nur dann treffen, *„wenn und soweit die Herstellung gleichwertiger Lebensverhältnisse im Bundesgebiet oder die Wahrung der Rechts- oder Wirtschaftseinheit im gesamtstaatlichen Interesse eine bundesgesetzliche Re-*

---

3   BayVerfGH E 29, 191 ff.
4   BVerfGE 97, 332 ff.
5   BVerfGE 140, 65 ff., Rn 29 f.
6   BVerfG 22, 180 (212 f.); 97, 332 (341 f.); 140, 64 (Rn 29).

gelung erforderlich macht". Das gilt damit auch für die Kinder- und Jugendhilfe des SGB VIII.

Eine bundesgesetzliche Regelung im SGB VIII ist also nur dann möglich, wenn sie aus einem der genannten Gründe erforderlich ist. Die Erforderlichkeit einer bundesgesetzlichen Regelung löste die Vorgängerregelung ab, nach der nicht die „Erforderlichkeit", sondern schon das „Bedürfnis" für eine bundesgesetzliche Regelung ausreichend war. Diese Bedürfnisregelung räumte dem Bundesgesetzgeber größere Möglichkeiten ein als die nunmehrige Erforderlichkeitsregelung. Letztere geht auf die Verfassungsreform 1994 zurück und wurde durch die Föderalismusreform 2006 entsprechend formuliert.

In der Altenpflegeentscheidung von 2002[7] befasste sich das Bundesverfassungsgericht erstmals mit dieser neuen Erforderlichkeitsregelung. Inzwischen sind mehrere Entscheidungen dazu ergangen und es ist deutlich erkennbar, dass das Bundesverfassungsgericht erhebliche Anforderungen an das Vorliegen der Erforderlichkeit stellt und somit eine restriktive Auslegung vertritt.[8]

So sei das Kriterium der Herstellung gleichwertiger *Lebensverhältnisse* erst dann gegeben, „wenn sich die Lebensverhältnisse in den Ländern der Bundesrepublik Deutschland in erheblicher, das bundesstaatliche Sozialgefüge beeinträchtigender Weise entwickelt hätten bzw. wenn eine solche Entwicklung sich konkret abzeichnet".[9]

Das Kriterium der Wahrung der Rechtseinheit im gesamtstaatlichen Interesse ist aufgrund der Rechtsprechung des Bundesverfassungsgerichts nur dann erfüllt, wenn eine Gesetzesvielfalt auf Länderebene „eine Rechtszersplitterung mit problematischen Folgen darstellt, die im Interesse des Bundes als auch der Länder nicht hingenommen werden kann" und so „erhebliche Rechtsunsicherheiten und damit unzumutbare Behinderungen für den länderübergreifenden Rechtsverkehr" erzeugt.[10]

Unter dem Gesichtspunkt der Wahrung der Wirtschaftseinheit im gesamtstaatlichen Interesse liegt nach der Rechtsprechung des Bundesverfassungsgerichts Erforderlichkeit nur dann vor, wenn eine bundesgesetzliche Regelung die „Voraussetzung für die Funktionsfähigkeit des Wirtschaftsraums der Bundesrepublik ist, wenn also unterschiedliche Landesregelungen oder das Untätigbleiben der Länder erhebliche Nachteile für die Gesamtwirtschaft mit sich brächte".[11]

---

7 BVerfGE 106, 62 ff., Rn 144 ff.
8 BVerfGE 112, 226 ff., Rn 67, 80 ff.; BVerfGE 138, 136 ff., Rn 107 ff.; BVerfG 140, 65 ff. und Rn 31 ff.
9 BVerfGE 106, 62 ff.; BVerfG 140, 65 ff. (Rn 35).
10 BVerfGE 125, 141 (155); 140, 65 (Rn 49).
11 BVerfGE 140, 65 (Rn 49) unter Verweis auf BVerfGE 106, 62 (146 f.); 112, 226 (248 f.); 138, 126 (Rn 109).

Diese hohen Anforderungen des Bundesverfassungsgerichts stellen in zweifacher Hinsicht erhebliche Hürden für die Aufnahme eines erweiterten Bildungsbegriffs dar.

Zum einen müsste dargelegt werden, dass gerade die jetzige Verwendung des Begriffs Bildung dazu beigetragen hat, dass eine der drei Voraussetzungen des Art. 72 Abs. 2 GG hierdurch eingetreten wäre. Am ehesten könnte man noch daran denken, dass das Kriterium der Herstellung gleichwertiger Lebensverhältnisse tangiert sei. Dazu müsste man darlegen können, dass dies gerade durch den Begriff der Bildung in § 22 Abs. 3 SGB VIII erfolgt sei. Dies lässt sich meines Erachtens nicht begründen, insbesondere weil der jetzige Begriff der Bildung wenig funktional steuernd ist. Von daher fehlt es bereits an den Voraussetzungen des Art. 72 Abs. 2 GG.

Zum anderen müsste auch dargetan werden, dass gerade der neue erweiterte Bildungsbegriff dazu beitragen würde, gleichwertige Lebensverhältnisse herzustellen. Dazu müsste dieser Begriff eine erhebliche funktionale Steuerungswirkung haben, damit durch ihn erreicht wird, dass sich die Lebensverhältnisse nicht nur nicht auseinanderentwickeln, sondern gerade durch ihn hergestellt werden können.

Das ist m. E. mit der vorgeschlagenen Formulierung nicht erreichbar. Das liegt nicht speziell an der konkreten Formulierung, sondern daran, dass programmatischen Normen regelmäßig eine steuernde, funktionale Wirkung fehlt. Somit lässt sich aus dem hier vorgeschlagenen Bildungsbegriff konkret, aber eben generell aus programmatischen Normen nicht begründen, dass mit einem erweiterten Bildungsbegriff gerade die Ziele der Herstellung der Lebensverhältnisse erreicht werden, die mit dem jetzigen Bildungsbegriff nicht erreicht werden konnten.

Damit fehlt es auch an dem notwendigen Zusammenhang zwischen den (m. E. nicht gegebenen) Voraussetzungen und der Neufassung durch den erweiterten Bildungsbegriff als Instrument zur Herstellung bzw. Sicherung der entsprechend in Art. 72 Abs. 2 GG genannten überragenden Güter. Das führt im Ergebnis dazu, dass der Bund aus Art. 74 Abs. 1 Nr. 7 GG i. V. m. Art. 72 Abs. 2 GG keine Gesetzgebungskompetenz herleiten kann.

4.2 Fortgeltungsklausel Art. 125a Abs. 2 GG

Mit den genannten Verschärfungen des Art. 72 Abs. 2 GG wurde auch Art. 125a Abs. 2 Satz 1 GG eingeführt. Hiernach gilt der vorgehend behandelte Art. 72 Abs. 2 GG nicht für Bundesrecht, das aufgrund der bis zum 15. November 1994 (also vor Beginn der genannten Verfassungsreformen) geltenden Fassung des Art. 72 Abs. 2 GG erlassen worden ist und das nunmehr aufgrund der verschärften Erforderlichkeitsklausel nicht mehr erlassen werden könnte. Art. 125a Abs. 2

GG ist also eine Bestimmung, die die erhöhte Kompetenzschwelle des Art. 72 Abs. 2 GG für den Bund für dieses „Altrecht" abmildert. Diese Bestimmung bewirkt auch, dass Regelungen des SGB VIII, die bereits vor dem 15. November 1994 im SGB VIII enthalten waren, nicht an die strengen Voraussetzungen des Art. 72 Abs. 2 GG in seiner jetzigen Form gebunden sind. Das gilt auch für Änderungen, Modifizierungen und Weiterentwicklungen solchen alten Rechts. Voraussetzung ist allerdings, dass der Bundesgesetzgeber keine grundlegende Neukonzeption des Rechts vornimmt.[12]

Am 15. November 1994 lautete die damalige Fassung des § 22 Abs. 2 Satz 1 SGB VIII: „Die Aufgabe umfasst die Betreuung, Bildung und Erziehung des Kindes". Sie schließt an den Abs. 1 an, der ausführte, dass in Kindergärten, Horten und anderen entsprechenden Einrichtungen die Entwicklung des Kindes zu einer eigenverantwortlichen und gemeinschaftsfähigen Persönlichkeit gefördert werden soll. Damit waren in der damaligen Fassung bereits die heute unter den Begriff des Förderungsauftrags zusammengefassten Begriffe der Erziehung, Bildung und Betreuung vorhanden. Eine inhaltliche Weiterentwicklung, Präzisierung und Ausformulierung des Begriffs Bildung ist somit möglich, sofern es zu keiner grundlegenden Neukonzeption kommt.

Eine Neukonzeption, gar eine grundlegende Neukonzeption, ist der Vorschlag zum erweiterten Bildungsbegriff nicht. Mit der Neuformulierung, die auch die Begriffe Erziehung sowie Betreuung, damit auch den Oberbegriff der Förderung, umgreift, wird ausgeführt und erläutert, was hinsichtlich der Förderung von Kindern in Kindertageseinrichtungen und Kindertagespflege verstanden wird. Wenn der Gesetzgeber eine derartige Formulierung in das SGB VIII aufnimmt, bringt er damit zum Ausdruck, wie heute die Begriffe zu verstehen sind. Da die Begriffe sowohl der Bildung wie auch der Erziehung und Betreuung inkl. des Oberbegriffs der Förderung schon im SGB VIII aufgenommen waren, handelt es sich um eine inhaltliche Weiterentwicklung, eine Präzisierung des Begriffs Förderung auf dem Stand der heutigen erziehungswissenschaftlichen Diskussionen. Eine solche Ausformulierung, Präzisierung und Weiterentwicklung ist durch die Weitergeltungsklausel des Art. 125a Abs. 2 GG gedeckt. Insofern bestehen diesbezüglich keine verfassungsrechtlichen Bedenken.

5 Beachtung der kommunalen Selbstverwaltung Art. 28 Abs. 2 GG

Neben der verfassungsrechtlichen Zulässigkeit im Rahmen der Gesetzgebungskompetenz gibt es in den Organisationsbestimmungen des Grundgesetzes wei-

---

12   BVerfGE 112, 226 (250).

tere Regelungen, die für die verfassungsrechtliche Zulässigkeit einer gesetzlichen Bestimmung von Bedeutung sind. Die Kinder- und Jugendhilfe ist als kommunale Angelegenheit eine „Angelegenheiten der örtlichen Gemeinschaft". Damit ist das im Rahmen der Bund-Länder-Bestimmungen in Art. 28 Abs. 2 GG verfassungsrechtlich verankerte sogenannte kommunale Selbstverwaltungsrecht von Bedeutung. Nach Art. 28 Abs. 2 GG muss den Gemeinden das Recht gewährleistet sein, alle Angelegenheiten ihrer örtlichen Gemeinschaft in eigener Verantwortung zu regeln. Dieses Selbstverwaltungsrecht der kommunalen Gebietskörperschaften (Gemeinde, Gemeindeverbände) ist von besonderer Bedeutung im Verhältnis Länder – kommunale Gebietskörperschaften, es ist als institutionelle Garantie auch vom Bundesgesetzgeber zu beachten.

Inhaltlich bezieht sich das kommunale Selbstverwaltungsrecht auf die Angelegenheiten der örtlichen Gemeinschaft. Die Kinder- und Jugendhilfe ist ein traditioneller und klassischer Bereich kommunaler Angelegenheiten, sie gehört zur kommunalen Selbstverwaltung, den kommunalen Gebietskörperschaften obliegt in erster Linie die Umsetzung bundesgesetzlicher Bestimmungen des SGB VIII.[13]

Nach Art. 28 Abs. 2 GG besteht das kommunale Selbstverwaltungsrecht „im Rahmen der Gesetze". So können sowohl die einzelnen Länder als auch der Bund durchaus gesetzliche Regelungen treffen und damit „im Rahmen der Gesetze" auf das kommunale Selbstverwaltungsrecht Einfluss nehmen. Wegen der institutionellen Garantie des kommunalen Selbstverwaltungsrechts in Art. 28 Abs. 2 GG ist es weder dem Landes- noch dem Bundesgesetzgeber erlaubt, Regelung zu treffen, die das kommunale Selbstverwaltungsrecht entscheidend einengen. So hat der Bundesgesetzgeber bei all seinen für diesen Bereich relevanten gesetzlichen Regelungen die kommunale Selbstverwaltung zu beachten, er darf keinesfalls in den Kernbereich der kommunalen Selbstverwaltung eingreifen. Das bedeutet, er darf insbesondere nicht Aufgaben des kommunalen Selbstverwaltungsbereichs in Gänze den kommunalen Gebietskörperschaften entziehen oder Regelungen in einer derart intensiven Weise treffen, dass die kommunale Selbstverwaltung wesentlich eingeschränkt wird.

Dies ist mit der hier vorgeschlagenen Regelung nicht der Fall. Die Bestimmung enthält keine Inhalte, die die kommunale Selbstverwaltung einschränken. Das folgt im Wesentlichen daraus, dass die Ausführungen, mit denen der erweiterte Bildungsbegriff näher bestimmt wird, programmatischer Art sind. Der Gesetzgeber bringt damit zum Ausdruck, was er speziell für die Förderung von Kindern in Tageseinrichtungen und in der Kindertagespflege inhaltlich unter dem Begriff der Bildung verstehen will. Neue Aufgaben, neue Verpflichtungen werden durch diese inhaltliche Ausfüllung und Präzisierung des Begriffs der Bildung den kommunalen Gebietskörperschaften nicht auferlegt. Der Begriff soll eine

---

13 Ausführlich BVerfGE 79, 127 bis 161, Rn 40 ff.

Orientierung für die (kommunalen) Träger der öffentlichen Jugendhilfe bieten. Er will erreichen, dass sie im Rahmen ihrer bestehenden Zuständigkeiten und Aufgaben darauf achten und entsprechende Entwicklungen unterstützen, um in den Tageseinrichtungen und in der Kindertagespflege die Bildung der Kinder so zu gestalten, dass sie einem wissenschaftlich fundierten, den gegenwärtigen Erkenntnissen entsprechenden erweiterten Bildungsbegriff gerecht wird.

Damit stellt die hier vorgeschlagene erweiterte Fassung des § 22 Abs. 3 SGB VIII keinen Verstoß gegen Art. 28 Abs. 2 GG dar.

Insgesamt ist somit die Regelung verfassungsrechtlich zulässig und kann in dieser Weise in das SGB VIII aufgenommen werden.

6 Zusammenfassung

In der gegenwärtigen Fassung des § 22 Abs. 3 SGB VIII wird unter dem Oberbegriff Förderung für Kinder in Kindertageseinrichtungen und in der Kindertagespflege neben den Begriffen Erziehung und Betreuung die „Bildung" erwähnt. Inhaltliche Ausführungen, was der Gesetzgeber mit diesem Begriff gemeint hat, gibt es nicht. Da der Bildungsbegriff häufig mit dem Verständnis von Bildung in formalen Settings verbunden wird, ist es deswegen sinnvoll, für die frühkindliche Förderung inhaltliche Aussagen zu treffen, was hier unter der Bildung zu verstehen ist. Auf der Basis der erziehungswissenschaftlichen Erkenntnisse zur Bildung und spezifisch zur frühkindlichen Bildung wird hinsichtlich der Formulierung eines erweiterten Bildungsbegriffs Folgendes vorgeschlagen:

Bildung ist nonformale Bildung, sie wird ermöglicht durch Spiel und alltagsintegrierte Förderung, die die Selbstentfaltung des Kindes, die Erschließung der Umwelt, die Aneignung von Kenntnissen und Erfahrungen, den Erwerb von Sprache und von Kulturtechniken, sowie die bewusste Auseinandersetzung mit diesen unterstützt.

Für eine solche Regelung im SGB VIII hat der Bundesgesetzgeber die Gesetzgebungskompetenz nach Art. 74 Abs. 1 Nr. 7 GG. Wegen der Fortgeltungswirkung durch Art. 125a Abs. 2 GG bestehen für eine solche Regelung auch keine Bindungen an die Einschränkungen des Art. 72 Abs. 2 GG. Die Formulierung tangiert auch nicht das kommunale Selbstverwaltungsrecht nach Art. 28 Abs. 2 GG.

Somit steht rechtlich der Aufnahme eines erweiterten Bildungsbegriffs in § 22 Abs. 3 SGB VIII nichts im Wege.

Autor:innen

Peter Cloos, Prof. Dr. phil., ist seit 2009 Hochschullehrer für Pädagogik der frühen Kindheit an der Universität Hildesheim. Er ist Sprecher des Kompetenzzentrums Frühe Kindheit Niedersachsen und des Forschungsverbundes Inklusive Bildungsforschung der frühen Kindheit (seit 2017), Vorstandsmitglied der Kommission Pädagogik der frühen Kindheit der Deutschen Gesellschaft für Erziehungswissenschaft (seit 2020), Mitglied des Sprecher:innenrates des Studiengangstages Pädagogik der Kindheit (seit 2019); Landeskoordinator für Deutschland der European Early Childhood Education Research Association (EECERA) (seit 2016); Mitglied im Wissenschaftlichen Beirat der Weiterbildungsinitiative Frühpädagogische Fachkräfte des Bundesministeriums für Bildung und Forschung und der Robert Bosch Stiftung in Zusammenarbeit mit dem Deutschen Jugendinstitut e.V. (seit 2009) und im Vorstand des Instituts für Theorie und Empirie des Sozialen (ITES) – Werkstatt für sozialpädagogisches Denken (seit 2020). Aktuelle, abgeschlossene Forschungsprojekte beschäftigen sich mit multiprofessionellen Teams in inklusiven Settings, mit Kindertageseinrichtungen als vernetzten Organisationen im Sozialraum (KitaNet) oder mit der Begleitung von inklusiven Übergangsprozessen in Elterngesprächen (BeikE). Nach einer Ausbildung zum staatlich anerkannten Erzieher war er vor seiner wissenschaftlichen Praxis in Kindertageseinrichtungen und der Kinder- und Jugendarbeit tätig. Forschungsschwerpunkte: Erziehung und Bildung in Kindertageseinrichtungen, Qualitative Forschungsmethoden (der Pädagogik der Kindheit), Übergänge im Lebenslauf und Alltag von Kindern und professionelles Handeln in der Kindheitspädagogik.

Ina Kaul, Dr.[in] phil., Gastprofessorin, Dipl.-Sozialpädagogin (M.A.) und Erzieherin, hat 2018 zum Thema „Bildungskonzepte von Pädagoginnen in Kindertageseinrichtungen. Eine empirisch-rekonstruktive Untersuchung biografischer Wege" promoviert. Seit März 2021 ist sie Gastprofessorin der Universität Kassel im FB 01/Institut für Sozialwesen für das Fachgebiet Theorie, Organisation und Praxis der Kinder- und Jugendhilfe und konzentriert sich dabei auf die Schwerpunkte der Handlungsfelder und der Professionalisierung der Kindheitspädagogik, Bildung, Biografieforschung sowie Didaktik sozial- und frühpädagogischer Praxis. Zuvor war sie zehn Jahre als Dozentin am Ev. Fröbelseminar, einer privaten Fachschule für Sozialwesen der Diakonie Hessen, tätig und hat hier insbesondere angehende Erzieher:innen in der fachschulischen und praxisintegrierten Ausbildung lehrend begleitet. In diesem Zusammenhang war sie an der Zertifizierung der modularisierten Ausbildung beteiligt und hat sich für die Akademisierungsbestrebungen der Fachschule sowohl strukturell als auch inhaltlich in einem Verbundprojekt mit der Universität Hildesheim eingesetzt sowie konzeptionell an der Vorarbeit zur Gründung einer Berufsakademie gearbeitet. Parallel lehrte sie in BA- und MA-Studiengängen im Fachbereich Sozialwesen der Universität Kassel und im BA-Studiengang der Hochschule Fulda/Fachbereich Sozialwesen. Sie ist Mitglied der Sektion Sozialpädagogik und Pädagogik der Frühen Kindheit in der DGfE, im erweiterten Vorstand der BAG-BEK, im Vorstand des Instituts für Theorie und Empirie des Sozialen (ITES) – Werkstatt für sozialpädagogisches Denken (seit 2022) sowie Mitbegründerin des Netzwerks kindheits(- und sozial)pädagogische Hochschuldidaktik (NetKiD).

Johannes Münder, Prof. Dr. jur. (em. seit 2010), Universitätsprofessor, Lehrstuhl für Sozialrecht und Zivilrecht am Institut für Sozialpädagogik der Technischen Universität Berlin. Schwerpunkt seiner Forschungen sind das Familienrecht, das Kinder- und Jugendhilferecht, das Bürgergeld, das Sozialrecht und die Institutionen der sozialen Arbeit. Münder ist vor allem als Autor und Herausgeber zahlreicher Publikationen auf dem Gebiet des Kinder- und Jugendhilfe-, des Sozial- und Familienrechts bekannt, von denen einige als Standardwerke auf ihrem Gebiet gelten, so u. a. der Frankfurter Kommentar zum SGB VIII, der Lehr- und Praxiskommentar zum Sozialgesetzbuch II Bürgergeld (ehemals Grundsicherung für Arbeitsuchende), die Lehrbücher zum Kinder- und Jugendhilferecht und zum Familienrecht. Er berät auf seinen Fachgebieten die Bundesregierung und die Landesregierungen, öffentliche Träger sowie freie Träger der sozialen Arbeit. Er war ehrenamtlich tätig, so u. a. bei der Arbeiterwohlfahrt, dem Sozialpädagogischen Institut „Walter May" in Berlin, dem Institut für soziale Arbeit e.V. in Münster. Im SOS-Kinderdorf Deutschland e.V. war er Vorstandsmitglied (ab 1992) und (ehrenamtlicher) Vorstandsvorsitzender (2004–2017). Für sein Engagement in der Wissenschaft und in der Praxis der Kinder- und Jugendhilfe erhielt Johannes Münder 2005 das Bundesverdienstkreuz.

Stephanie Simon, Dr.[in] phil., M.A., ist seit 2021 wissenschaftliche Mitarbeiterin am Institut für Sozialpädagogik der TU Dortmund. Zuvor arbeitete sie im BMBF-geförderten Projekt „Kinder als ‚Stakeholder' in Kindertagesstätten" und am Fachgebiet Erziehungswissenschaft mit Schwerpunkt Soziale Arbeit und außerschulische Bildung am Institut für Sozialwesen der Universität Kassel. 2015 bis 2019 war sie wissenschaftliche Mitarbeiterin im Verbundprojekt von Ev. Fröbelseminar und Universität Kassel im Projekt „Umgang mit und Deutungen von Armut in Kindertagesstätten". Von 2015 bis 2020 hat sie zudem an der Universität Kassel Lehraufträge wahrgenommen und u. a. die Kasseler Ringvorlesung gegen Rechtsextremismus organisiert. Ihre Forschungsschwerpunkte sind Deutungen von Bildung und Erziehung, soziale Ungleichheiten, Armut, Kindheitsforschung und qualitativ-rekonstruktive Bildungsforschung. Sie ist Mitglied in der DGfE (Sektion Sozialpädagogik/Pädagogik der frühen Kindheit) und dort insbesondere in den Netzwerken Junge Wissenschaft Soziale Arbeit (JuWiSozA) und dem kommissionsübergreifenden Netzwerk Wissenschaftler:innen jenseits unbefristeter Professuren aktiv. Sie ist zudem im Vorstand des Instituts für Theorie und Empirie des Sozialen (ITES) – Werkstatt für sozialpädagogisches Denken (seit 2022).

Werner Thole, Prof. Dr. phil. habil., Dipl. Sozialpädagoge und Dipl. Pädagoge, ist gegenwärtig Hochschullehrer an der TU Dortmund und war zuvor bis 2021 Hochschullehrer für Erziehungswissenschaft, Schwerpunkt Soziale Arbeit und außerschulische Bildung an der Universität Kassel mit den forschungsbezogenen Arbeitsschwerpunkten theoretische, professionsbezogene und disziplinäre Fragen der Sozialpädagogik, Theorie und Praxis der Kinder- und Jugendhilfe, insbesondere der Pädagogik der Kindheit sowie der Kinder- und Jugendforschung. Aktuell ist er Mitherausgeber mehrerer Buchreihen und Zeitschriften, unter anderem der Reihe „Edition Soziale Arbeit", VS Verlag für Sozialwissenschaften, Wiesbaden, sowie der Zeitschriften „Soziale Passagen" und „Sozial Extra". Seit 2007 ist er Mitglied im Wissenschaftlichen Beirat des Deutschen Jugendinstituts (DJI), seit 2011 als stellvertretender Vorsitzender und seit 2018 als Vorsitzender. In den zurückliegenden Jahren initiierte, koordinierte und beteiligte er sich forschend unter anderem an den Forschungsvorhaben „Umgang mit und Deutungen von Armut in Kindertageseinrichtungen", Diakonie Hessen, „Wissensbasierte Deutungs- und Handlungskompetenzen von pädagogischen Mitarbeiter:innen in Kindertageseinrichtungen" (BMBF), „AKJDI – Studie zur kulturellen Bildung im Zeitalter der Digitalisierung", (BMBF), „JuArt – Studie zu den Wirkungen von Angeboten in der kulturellen Kinder- und Jugendarbeit" (Mercator-Stiftung), „Bildungslandschaften – Studie zu den Strukturellen und inhaltlichen Profilen von kommunalen Bildungsnetzwerken" (Stiftung Jugendmarke) und „Kinder als ‚Stakeholder' in Kindertageseinrichtungen [KiSte]" (BMBF) sowie an dem „Forschungs- und Entwicklungsverbund Pädagogik der Kindheit", Diakonie Hessen.

Anke König (Hrsg.)
Wissenschaft für die Praxis
Erträge und Reflexionen zum
Handlungsfeld Frühe Bildung
2020, 168 Seiten, broschiert
ISBN: 978-3-7799-6467-4
Auch als E-BOOK erhältlich

Seit den 2000er Jahren ist das Arbeitsfeld Kita mit enormen Veränderungsprozessen konfrontiert. Sie bestmöglich zu gestalten, erfordert angemessene Ressourcen und ein hohes Verantwortungsbewusstsein. Die »Weiterbildungsinitiative Frühpädagogische Fachkräfte« (WiFF) hat in ihrer dritten Projektphase unter ihrer Projektleitung Prof. Dr. Anke König das Arbeitsfeld differenziert beforscht, um diese Veränderungen auf Struktur- und auf Akteursebene adäquat beschreiben zu können. Der vorliegende Band präsentiert die pädagogische Institutionenforschung der WiFF erstmals in ihrer Komplexität: Er beschreibt Wandlungen und identifiziert Herausforderungen im Arbeitsfeld Frühe Bildung, erörtert Erfordernisse einer detaillierten Arbeitsfeldforschung und macht Desiderata aus. Reflexionen aus Fachwissenschaft und Fachpolitik rahmen die Beiträge und zeigen zugleich Wege zur Weiterarbeit auf. Die Publikation soll damit die Fachdebatte vorantreiben sowie Impulse für Lehre und Forschung geben.

www.beltz.de
Beltz Juventa · Werderstraße 10 · 69469 Weinheim